Reinhard Abeln / Anton Kner (Hrsg.)

Mit einem Pfennig Frohsinn

Viele schöne Tage...
das wünsche ich Dir von Herzen
Im Sept. 1999   Elisabeth

Mit einem Pfennig Frohsinn

Kleine Geschichten
für einen schönen Tag

Herausgegeben und verfaßt von
Reinhard Abeln und Anton Kner

Verlag Butzon & Bercker Kevelaer

Die Deutsche Bibliothek – CIP-Einheitsaufnahme

Mit einem Pfennig Frohsinn : kleine Geschichten für einen schönen Tag / hrsg. und verf. von Reinhard Abeln und Anton Kner. – Kevelaer : Butzon und Bercker, 1996
 ISBN 3-7666-0048-6
NE: Abeln, Reinhard [Hrsg.]

ISBN 3-7666-0048-6

© 1996 Verlag Butzon & Bercker D-47623 Kevelaer
Alle Rechte vorbehalten
Umschlaggestaltung: Astrid Leson, Münster
Satz: Greiner & Reichel, Köln

Inhalt

Ein Wort zuvor   11

Jeder ist wichtig   13

Reinhard Abeln
„Sie sind wirklich zufrieden?"   15

Äsop
Der Fuchs und der Ziegenbock   16

Nach einem Märchen
Das Hemd des Glücklichen   17

Nach Johann Peter Hebel
„Einmal ist keinmal"   19

Afrikanisches Märchen
Das Leben fragt auch mich   20

Unbekannter Verfasser
„Auf dich kann man sich verlassen!"   23

Nach Sören Kierkegaard
Die Geschichte von der Wildtaube   25

Westfälische Legende
Da sagte der liebe Gott …   28

Überlieferte Erzählung
Auf dem Grund des Sees   29

Afrikanische Geschichte
„Deine Last hat mich stark gemacht"   32

Nacherzählt
Er war ein moderner Mensch   33

Aus dem Höhlengleichnis aus Platons „Staat"
Befreit – zum Leben   34

Altes Kalenderrezept
Man nehme zwölf gut ausgereifte Monate   36

Nach Mark Twain
„So können die sich ändern!"   37

Erzählt nach Schlomo Karlin
Zerstörte Hoffnung   38

Alte Erzählung
„Ich muß den Himmel halten"   39

Nach Johann Peter Hebel
Die ungleichen Brüder   40

Chinesische Geschichte
„Lieber Bambusbaum, ich brauche dich"   41

Russische Fabel
Das Eichhörnchen und der Wolf   43

Nur die Liebe zählt 45

Indische Legende
Mann und Frau 47

Rabbinische Geschichte
Ein Zeichen Gottes 49

Märchen aus Indien
Der Blinde und der Lahme 51

Aus dem Hebräischen
Die beiden Brüder 51

Jüdische Legende
Nacht und Tag 53

Aus Deutschland
In den Armen des Vaters 54

Mittelalterliche Legende
Die Steinsuppe 55

Nach einer alten Geschichte
„Ich sehe nur einen einzigen Sohn" 56

Römische Legende
Die Glieder des Leibes 57

Aus China
Die Legende vom Senfsamen 59

Afrikanische Sage
Der Pelikan 60

Indonesisches Märchen
Freunde müssen einander helfen   61

Rabbinische Geschichte
Das gefällt Gott   63

Chinesisches Märchen
Und der Krieg unterblieb   65

Unbekannter Verfasser
Der Supermarkt der Engel   66

Aus China
Das Fest fand nicht statt   67

Mutter Teresa
Bis es wehe tut   68

Nach Iwan Turgenjew
Der Bettler   69

Rabbinische Geschichte
Gefährten oder Tod   70

Fjodor M. Dostojewski
Das Zwiebelchen   71

Johann Gottfried Herder
Drei Freunde   72

Unbekannter Verfasser
„Lesen Sie, Majestät!"   73

Nach Rabindranath Tagore
Das verwandelte Reiskorn   75

Russische Legende
„Ist mein Geld nicht gut genug?"   76

Nach Leo Tolstoi
Die drei Fragen des Königs   77

Die Seele in die Sonne halten   83

Aus Schweden
Was ist das Leben?   85

Nach einer alten Legende
Wo der Himmel beginnt   87

Rabbinische Geschichte
Die zwei Möglichkeiten   88

Überliefert
Die Seele in die Sonne halten   89

Nach einer alten Geschichte
Dürsten nach Gott   90

Rabbinische Geschichte
„Ich werde dich immer lieben"   91

Indisches Gleichnis
Die ganze Wahrheit   93

Überlieferte Geschichte
„Wenn ich bete, dann bete ich" 94

Aus Irland
Der Ire im Himmel 96

Nach Leo Tolstoi
Jetzt erkenne ich Gott 97

Nach Martin Buber
Wo wohnt Gott? 100

Rabbinische Geschichte
Wo wir ihn finden können 100

Nach einer französischen Legende
Der Tänzer Unserer Lieben Frau 101

Nach einer alten Parabel
Die fehlende Spur 105

Rabbinische Geschichte
„Sie sind unterwegs" 106

Aus China
Die Flucht des Gärtners 107

Psalm 92, 2–6
Wie groß sind deine Werke! 109

Irisches Segensgebet
Der Herr segne dich 110

EIN WORT ZUVOR

Die Menschen unserer Tage tragen viel mit sich herum. Viele von ihnen suchen Rat, bitten um ein Gespräch, möchten Antworten auf ihre Fragen. Unter ihnen sind Menschen aus allen Altersschichten und Berufen, Männer und Frauen, einfache Arbeiter und studierte Akademiker.
Um was geht es den Ratsuchenden? Sie wollen wissen, wie man heutzutage „nach innen" lebt, um „nach außen" wirken zu können. Sie wollen nicht in erster Linie „gescheiter" werden, sondern „innerlicher". Die Fragenden haben begriffen, daß alles Habhafte und Greifbare, alles Machbare und Meßbare, alles, was einen nur lustig macht, aber nicht heiter und von Herzen froh, das Herz des Menschen leer läßt.
Viele sagen, daß die innere Leere und Öde, besonders in kritischen Situationen, nicht mehr zum Aushalten sei. Was sie suchen, ist ein tragender „innerer Boden", um mit Konflikten leben und um langandauernde Spannungen aushalten zu können. Sie haben erfahren, daß der Mensch eine „tragende Mitte" braucht, ohne die im Leben alles schiefgeht und schief hängt. Immer mehr Menschen machen die Erfahrung, daß Besitz und Wohlstand enttäuschen und nicht halten können, was sie versprechen. Sie

wollen heraus aus der Oberflächlichkeit ihres Lebens, weil sie fürchten, im Ernstfall zu versagen und am Ende gar zu verzweifeln.

Wie können wir „mehr" aus unserem Leben machen? Wie können wir stärker von außen nach innen leben? Wir wollen auf diese lebensentscheidenden Fragen in dieser Schrift mit kurzen Geschichten antworten. Nicht lange theoretische Überlegungen, sondern kleine Gleichnisse, Märchen, Legenden und Sagen sollen deutlich machen, worauf es ankommt, was wichtig im Leben ist und was nicht.

Die Kurzgeschichten, die das Verhältnis des Menschen zu sich selbst, zum Nächsten und zu Gott beleuchten, möchten Denkanstöße geben. Die Herausgeber wünschen allen, die zu dieser Schrift greifen, einige stille Viertelstunden und eine ruhige Ecke in der Unrast unserer Zeit.

Reinhard Abeln / Anton Kner

Jeder ist wichtig

„Sie sind wirklich zufrieden?"

Einst kam ein reicher Landbesitzer an einem schönen Gut vorbei und traute seinen Augen nicht. Hier war eine Tafel angebracht, auf der schwarz auf weiß zu lesen war: „Ich will dieses Gut demjenigen schenken, der wirklich zufrieden ist!"

Es brauchte eine ganze Weile, bis sich der Landbesitzer von seiner Überraschung erholt hatte. Dann überlegte er bei sich: „Ich kann mit Recht sagen, daß ich zufrieden bin. Ich habe alles, was ich brauche. Also werde ich mich um dieses Gut bewerben!"

Er pochte an die Tür des Hauses, und ein älterer Herr, der wie ein Philosoph aussah, tat ihm auf. „Und Sie sind wirklich zufrieden?" fragte der Gutsbesitzer, nachdem der Besucher seinen Wunsch vorgebracht hatte.

„Das bin ich in der Tat. Es gibt nichts, was ich mir noch wünschen könnte!" – „In diesem Fall, mein Freund", versetzte der Besitzer des Gutes, „muß ich sagen, daß ich mich wundere. Wozu wollen Sie dann mein Gut haben, wenn Sie schon zufrieden sind?"

Reinhard Abeln

Der Fuchs und der Ziegenbock

Der Fuchs war in einen Brunnen gefallen und mußte notgedrungen drunten ausharren, da er nicht wußte, wie hinaufkommen. Ein durstiger Ziegenbock aber, der an den Brunnen kam, sah ihn und fragte, ob das Wasser gut sei. Der Fuchs, der sich über dieses glückliche Zusammentreffen sehr freute, lobte lang und breit das vorzügliche Wasser und redete ihm zu, auch herunterzukommen.

Der Ziegenbock sprang auch, weil er im Augenblick nur an seinen Durst dachte, ohne weitere Überlegung hinunter, und als er, nachdem der Durst gelöscht war, mit dem Fuchs das Hinaufkommen überlegte, sagte dieser, er habe einen guten Gedanken zu ihrer beider Rettung. „Wenn du die Vorderbeine gegen die Wand stemmen und die Hörner hochstellen willst, springe ich über deinen Rücken hinauf und ziehe dich dann nach."

Der Ziegenbock ging auch auf diesen zweiten Ratschlag bereitwillig ein: Der Fuchs kletterte ihm über die Hinterbeine auf die Schultern, und indem er sich auf die Hörner stellte, gelangte er zum Brunnenrand. Einmal droben, machte er aber Miene, davonzugehen. Als ihm der Ziegenbock vorwarf, er handle gegen ihre Verabredung, drehte er sich um und sagte: „Du da drunten,

wenn du soviel Verstand hättest wie Haare im Bart, dann hättest du dir vor dem Hinunterspringen das Zurückkommen überlegt."
So ist es auch bei den Menschen: Verständige denken zuerst an den Ausgang ihrer Unternehmungen, dann erst lassen sie sich darauf ein.

Äsop

Das Hemd des Glücklichen

Ein reicher Mann war schwer krank. In seiner Not versprach er, die Hälfte seines Besitzes dem zu geben, der ihn gesund machen würde.
Da kamen viele Leute zu ihm und erteilten ihm ihre Ratschläge. Und alle wollten von ihm entlohnt werden. Nur, der Erfolg blieb aus. Keiner hatte das Rezept, das ihn heilen konnte.
In seiner Ratlosigkeit folgte der Reiche schließlich einem absonderlichen Vorschlag, den ihm einer gemacht hatte: „Du mußt einen glücklichen Menschen finden, ihm das Hemd ausziehen und es dir anlegen. Das wird dir helfen!"
Der Reiche schickte seine Diener aus. Sie sollten einen glücklichen Menschen suchen. Aber lange Zeit konnten sie niemanden finden, der ganz zufrieden und glücklich gewesen wäre. Wer reich war, war krank; wer gesund war, war

arm; wer gesund und reich war, der hatte viele Sorgen. Über irgend etwas hatte sich ein jeder zu beklagen. Bei keinem fanden sie so recht den Frieden und die Zufriedenheit.

Eines Abends kam einer der Diener des reichen Mannes an einer elenden Hütte vorbei. Von drinnen war eine Stimme zu hören: „Gott sei Lob und Dank! Zu tun gab es heute wieder genug. Ich hatte auch das Notwendige zu essen. Jetzt kann ich mich schlafen legen. Was brauche ich mehr?"

Der Diener glaubte, endlich einen glücklichen Menschen gefunden zu haben. Er trat in die Hütte. Und was sah er? Er sah einen einfachen Mann. Der nahm ihn freundlich auf.

Schließlich sprach ihn der Diener des reichen Mannes an: „Denk dir, mein Herr ist schwer erkrankt. Bislang konnte ihm keiner und nichts helfen. Heilung wurde ihm erst versprochen, wenn er das Hemd eines glücklichen Menschen bekomme und trage. Bitte, gib ihm doch dein Hemd, denn du scheinst ein glücklicher Mensch zu sein!"

Da öffnete der Mann seine zerschlissene Jacke. Und der Diener sah es mit eigenen Augen: Der Mann hatte gar kein Hemd an, so arm war er.

Nach einem Märchen

„Einmal ist keinmal"

Dies ist das verlogenste und schlimmste unter den Sprichwörtern, und wer es gemacht hat, der war ein schlechter Rechenmeister oder ein boshafter. Einmal ist wenigstens einmal, und daran läßt sich nichts abmarkten.

Wer einmal gestohlen hat, der kann sein Leben lang nimmer mit Wahrheit und frohem Herzen sagen: „Gott lob! Ich habe mich nie an fremdem Gut vergriffen." Und wenn der Dieb erhascht und gehenkt wird, alsdann ist einmal nicht keinmal.

Aber das ist noch nicht alles, sondern man kann meistens mit Wahrheit sagen: Einmal ist zehnmal und hundertmal und tausendmal. Denn wer das Böse einmal angefangen hat, der setzt es gemeiniglich auch fort. Wer A gesagt hat, der sagt auch gern B, und alsdann tritt zuletzt ein anderes Sprichwort ein, daß der Krug solange zum Brunnen geht, bis er bricht.

Nach Johann Peter Hebel

Das Leben fragt auch mich

Das Leben begab sich eines Tages auf die Wanderschaft durch die Welt. Es ging und ging, bis es zu einem Menschen kam. Dieser Mensch hatte so geschwollene Glieder, daß er sich kaum rühren konnte.
„Wer bist du?" fragte es der Mann.
„Ich bin das Leben."
„Wenn du das Leben bist, so kannst du mich sicher gesund machen", erwiderte der Mann.
„Ja, ich will dich heilen", sagte das Leben. „Aber du wirst mich und deine Krankheit bald vergessen."
„Wie könnte ich euch vergessen!" rief der Mann aus.
„Gut, ich will in sieben Jahren wiederkommen, dann werden wir ja sehen", meinte das Leben. Und es bestreute den Mann mit Staub vom Wege, und er war geheilt.
Dann zog das Leben weiter und kam zu einem Aussätzigen. Auch der fragte: „Wer bist du?"
„Ich bin das Leben."
„Das Leben?" sprach der Kranke. „Dann könntest du mich gesund machen."
„Das kann ich", erwiderte das Leben. „Aber du wirst mich und deine Krankheit bald vergessen."
„Ich vergesse euch bestimmt nicht", versprach der Aussätzige.

„Nun, ich will in sieben Jahren wiederkommen, dann werden wir ja sehen", sprach das Leben. Und es bestreute den Aussätzigen mit Staub vom Wege, und der Aussätzige ward sogleich gesund.

Wieder begab sich das Leben auf die Wanderschaft. Nach Tagen kam es zu einem Blinden.

„Wer bist du?" fragte der Blinde.

„Ich bin das Leben."

„Das Leben?" rief der Blinde erfreut. „Bitte, dann gib mir mein Augenlicht wieder!"

„Das will ich tun. Aber du wirst mich und deine Blindheit bald vergessen haben."

„Ich werde euch bestimmt nicht vergessen", versprach der Blinde.

„Nun gut, ich will in sieben Jahren wiederkommen, dann werden wir ja sehen", antwortete das Leben. Und es bestreute auch den Blinden mit Staub vom Wege, und der Mann konnte wieder sehen.

Als sieben Jahre vorüber waren, zog das Leben wieder in die Welt. Es verwandelte sich in einen Blinden und ging zuerst zu dem Menschen, dem es das Augenlicht wiedergegeben hatte.

„Wenn es dir möglich ist, laß mich bei dir übernachten", bat das Leben.

„Was fällt dir ein?" schrie der Mann. „Scher dich fort! Das fehlte mir gerade noch, daß sich hier jeder Krüppel breitmacht."

„Siehst du", sagte da das Leben. „Vor sieben Jahren warst du blind. Damals habe ich dich geheilt. Und du versprachst mir, deine Blindheit und mich niemals zu vergessen."
Jetzt nahm das Leben ein wenig Staub vom Wege und streute ihn auf die Spur dieses undankbaren Menschen. Und von Stund an war er wieder blind.
Dann ging das Leben weiter. Es kam zu dem Menschen, den es vor sieben Jahren vom Aussatz befreit hatte. Das Leben verwandelte sich selbst in einen Aussätzigen und bat um Obdach.
„Pack dich!" schrie der Mann. „Du wirst mich noch anstecken!"
„Siehst du", sprach das Leben. „Vor sieben Jahren habe ich dich vom Aussatz geheilt. Damals hast du mir versprochen, mich und deine Krankheit nie zu vergessen."
Darauf nahm das Leben ein wenig Staub vom Wege und streute ihn auf die Spur des Mannes. Im selben Augenblick wurde der Mann wieder vom Aussatz befallen.
Schließlich verwandelte sich das Leben in einen Menschen, dessen Glieder so geschwollen waren, daß er sich kaum rühren konnte. Und es besuchte auch jenen Mann, den es vor sieben Jahren zuerst gesund gemacht hatte.
„Könnte ich bei dir übernachten?" fragte ihn das Leben.

„Gern, komm nur zu mir herein, du Armer! Setz dich! Ich will dir etwas zu essen machen. Ich kann mich in dich hineindenken. Denn auch ich hatte einmal solch geschwollene Glieder. Sieben Jahre ist es gerade her, seit das Leben hier vorüberkam und mich heilte. Damals sagte es, daß es nach sieben Jahren wiederkommen wolle. Warte hier, bis es kommt! Vielleicht wird es auch dir helfen."

„Ich bin dieses Leben", sprach da das Leben. „Du bist der einzige von allen, der weder mich noch seine Krankheit vergessen hat. Deshalb sollst du auch immer gesund bleiben."

Als es sich dann von dem guten Mann verabschiedete, sagte das Leben noch: „Ständig wandelt sich das Leben. Oft wird aus Glück Unglück, Not verwandelt sich in Reichtum, und Liebe kann in Haß umschlagen. Kein Mensch sollte das je vergessen."

Afrikanisches Märchen

„Auf dich kann man sich verlassen!"

In einer Anstalt war ein Junge, der schon oft gestohlen hatte. Der Junge schien unverbesserlich zu sein. Die Erzieher wußten sich keinen Rat mehr.

Da griff der Leiter der Anstalt eines Tages zu einem Mittel, das recht gewagt erschien. Aber es half. Er rief den Jungen zu sich und sagte ihm: „Ich habe eine Rechnung zu bezahlen, geh damit auf die Post! Von den Großen ist gerade niemand da, und von dir weiß ich, daß ich mich auf dich verlassen kann."

Der Junge traute seinen Ohren nicht. Das war doch eine unerhörte Sprache. Bisher hatte er nur immer zu hören bekommen, er sei ein Spitzbub, ein unverbesserlicher Lump, er käme noch ins Gefängnis, und wo nur immer einer von den Kameraden etwas verlegt oder verloren hatte, schaute man nach ihm um. Das hatte ihn verbittert und verstockt: Wenn alle es sagten, so solle es wohl so sein. Wozu sich also plagen, um anders zu werden!

Aber der Auftrag seines Lehrers tat ihm so wohl – daß ein Mensch etwas von ihm erwarte, Vertrauen zu ihm habe –, daß er mit Freude den Auftrag erledigte und ... niemals wieder seine Hand nach fremdem Gut ausstreckte.

Das Vertrauen hatte ihn gerettet. Daß auf der Welt jemand war, der Gutes von ihm dachte, hatte ihm eine solche Freude gemacht und Selbstvertrauen und Mut zum Guten verliehen, daß er den Hang zur Unehrlichkeit überwand.

Unbekannter Verfasser

Die Geschichte von der Wildtaube

Im dunklen Wald, wo unter den mächtigen und einsamen Bäumen Wunder und Schauer wohnen, hatte eine Wildtaube ihr Nest. Ganz in der Nähe, wo der Rauch aus dem Bauernhof aufstieg, lebten entfernte Verwandte von ihr, einige zahme Tauben. Mit einem Paar von ihnen traf sie öfters zusammen. Sie tauschten sich über vieles aus, sprachen über die Gunst und Ungunst der Zeit und über das tägliche Auskommen.

Die Wildtaube sagte: „Bis jetzt habe ich mein Auskommen immer gefunden. Ich lasse jeden Tag seine Plage haben. Auf diese Weise komme ich am besten durch die Welt."

Die zahmen Tauben hörten genau zu. Sie spürten, wie glücklich sie sein konnten, und sprachen: „Nein, da halten wir es schon anders. Im Taubenhaus beim reichen Bauern ist unsere Zukunft gesichert. Dort haben wir das ganze Jahr Korn in Fülle."

Als die Wildtaube in ihr Nest zurückgekehrt war, dachte sie über das Gespräch nach. Auch ihr schien es jetzt angenehm, wenn man sein Auskommen so für lange Zeit sichern konnte. Und sie dachte bei sich, daß es wohl das beste wäre, einen größeren Vorrat an Körnern einzusammeln.

Am nächsten Morgen erwachte sie zeitiger als sonst. Eifrig machte sie sich daran, vieles einzusammeln. Sie hatte kaum mehr Zeit, zu essen und satt zu werden. Aber es war wie ein Schicksal, das über ihr schwebte: als ob es ihr nicht erlaubt wäre, Wohlstand zu sammeln. Denn jedesmal, wenn sie ein wenig Vorrat beisammen und diesen an einem sicheren Ort versteckt hatte, war er wieder verschwunden. Indessen verhielt es sich mit ihrem Auskommen wie immer: Nach wie vor fand sie jeden Tag ihr Futter, und wenn sie sich mit weniger nährte, dann nur deshalb, weil sie sammeln wollte und sich keine Zeit zum Essen nahm. Dennoch war sie verändert: Sie litt keineswegs Not, aber sie lebte in der Einbildung, daß sie in der Zukunft einmal Not leiden könnte. Ihre Ruhe war dahin: Jetzt hatte sie plötzlich Sorgen.

Von da an war die Wildtaube bekümmert. Ihr Federkleid verlor das Farbenspiel, ihr Flug die Leichtigkeit, ihre Tage gingen dahin in fruchtlosen Versuchen, Wohlstand zu sammeln. Sie beneidete die reichen Tauben im Bauernhof, und dieser Neid zehrte an ihr. Mit solchen Gedanken hatte sie sich selbst in einer Falle gefangen, in der sie kein Vogelfänger hätte fangen können: in der Sorge um ihr Leben.

„Wohl wahr", sprach sie zu sich selbst, „ich finde täglich soviel, wie ich essen kann. So gesehen, habe ich mein Auskommen. Den großen Vorrat, den ich sammeln will, könnte ich gar nicht auf einmal aufessen. Man kann sich ja nicht mehr als satt essen. Aber angenehm wäre es doch, wenn man der Ungewißheit ledig wäre, durch die man so abhängig wird. Allerdings kann es sein, daß die zahmen Tauben ihr sicheres Auskommen teuer erkaufen. Vielleicht haben sie Sorgen, von denen ich bisher frei war. Aber diese Sicherung der Zukunft will mir nicht aus dem Kopf. Warum bin ich nur eine arme Wildtaube und nicht eine von den reichen Tauben in ihrem sicheren Taubenschlag voller Körner!"

Schließlich dachte sich die Wildtaube eine List aus. Sie flog eines Tages in das Bauerngehöft und setzte sich auf den Dachrücken unter die zahmen Tauben. Als sie bemerkte, daß da eine Öffnung war, durch die die anderen hineinflogen, flog auch sie hinein. Da mußte wohl die sattmachende Vorratskammer sein.

Als aber am Abend der Bauer kam und den Taubenschlag schloß, entdeckte er die fremde Taube. Er fing sie ein und sperrte sie in einen kleinen Käfig – um sie am nächsten Tag zu schlachten.

Nach Sören Kierkegaard

Da sagte der liebe Gott ...

Wieder einmal waren der liebe Gott und Petrus auf Wanderschaft durch die Regionen der Erde. Und weil sie sich verlaufen hatten, fragten sie einen Schäfer, der faul auf dem Rücken lag und sich ausruhte. Weil er zu bequem war, auch nur den Mund aufzumachen, hob er bloß seinen rechten Fuß ein kleines bißchen in die Höhe und zeigte damit die Richtung, in die der Weg weitergehe.
Petrus, empört: „Was für ein fauler Kerl! Nur gut, daß man solche Leute nicht alle Tage trifft. Das könnte einem ja die Freude an den Menschen verderben!"
Gottvater schmunzelte, sagte aber kein Wort.
Kurze Zeit darauf trafen sie ein Mädchen, das fleißig auf dem Feld arbeitete. Sie fragten es nach dem Weg – und es war gerne bereit. „Ihr könnt euch hier leicht verlaufen. Ich will lieber ein Stück mit euch gehen ..." Es legte die Hakke hin und begleitete die beiden ein ganzes Stück Weges.
Als sie wieder allein waren, sprach Petrus: „Welch ein nettes und fleißiges Mädchen, so zuvorkommend und dabei so frisch und sauber! Die muß aber auch einen guten Mann kriegen!"
Da sagte der liebe Gott: „Sie kriegt den Faulpelz von Schäfer!"

„Was", rief Petrus, „den faulen Schäfer? Warum denn das?"
„Der eine muß den anderen ergänzen", sagte der Herr und schmunzelte ...

Westfälische Legende

Auf dem Grund des Sees

Tief unten am Grunde eines Sees lebte eine Muschel. Ihre Schalen waren dunkel, dunkel wie der Seegrund. Man mußte sehr genau hinsehen, um die Muschel überhaupt zu erkennen. Die Muschel machte nichts aus sich. Sie begnügte sich, einfach dazuliegen und zu staunen. Es gab ja so vieles zu sehen: dunkelgrüne Wasserpflanzen, eine Unzahl von Steinen, große, kleine, runde und kantige, und viele verschiedenartige Fische. Am besten gefiel es der Muschel, wenn Vollmond war. Dann stand die runde Scheibe über dem Wasser, und ihr mildes Licht leuchtete hinab auf den Grund des Sees bis zu unserer Muschel. Die lag dann ganz still da und schaute und nahm das Licht in sich hinein, in ihr Innerstes, in ihr Herz.
Eines Tages kam ein Fisch zur Muschel geschwommen. „Sieh mal an, eine Muschel", sagte der Fisch. „Bald hätte ich dich übersehen, du

kleines Muschelding." Der Fisch war ein sehr eingebildeter, ein sehr stolzer Fisch. Dann holte er tief Atem und schwamm vor der Muschel hin und her. So konnte man ihn von allen Seiten sehen und sein schillerndes Schuppenkleid bewundern.

„Wie schön der Fisch ist", dachte die Muschel. „Wie kann er sich drehen und wenden! Er ist sehr beweglich und gewandt." Es fiel der Muschel aber nicht ein, auf den Fisch neidisch zu sein. Sie war einfach eine Muschel und saß am Boden des Sees. Sie war damit zufrieden, zu lauschen und zu schauen.

Unser Fisch aber tanzte vor der Muschel im Kreise. Er zeigte alle seine Künste, denn er wollte bewundert werden. Dabei bemerkte er nicht, wie gefährlich es für ihn wurde. Ein anderer, riesiger Fisch nämlich kam angeschwommen, das Maul weit aufgerissen, hungrig nach Beute.

„Paß auf", rief die kleine Muschel, „paß auf!" Erschrocken fuhr der Fisch herum. Mit einem festen Schlag seiner Schwanzflossen rettete er sich in eine Felsspalte. Hier saß er nun mit klopfendem Herzen, aber nur kurze Zeit. Bald schon war alle Gefahr vergessen, und der Fisch fing an, sich wieder zu zeigen. Er wollte beachtet werden. Da die Muschel ihn aber nicht bewunderte, lobte er sich selbst und schwamm eitel davon.

Eines Nachts, als der Himmel voller Sterne war und der Mond rund und voll leuchtete, kam der Fisch wieder zur Muschel geschwommen. Unsere Muschel lag da – ganz ruhig und bescheiden wie immer – und tat, was sie so gerne tat: lauschen und schauen.
„Was machst du da?" fragte sie der Fisch.
„Ich bin still", antwortete die Muschel. „Wenn man still ist, beginnen die Dinge zu reden. Alles hat seine Sprache. Hörst du das Wasser, die Pflanzen, die Steine? Wenn man ganz ruhig ist, fängt alles an zu leuchten. Siehst du den Himmel, die Sterne, den gelben Mond?"
Der Fisch verstand von alledem nichts. „Dinge können nicht reden", meinte er. „Was du siehst, ist nichts Besonderes. Still und ruhig sein, das ist langweilig. Überhaupt – du bist ein ganz langweiliges Mucheltier. Bewegen muß man sich können – bewegen, so wie ich!" Und verächtlich drehte er sich um und schwamm davon.
In dieser Nacht fuhr ein Fischer mit seinem Boot über den See. Er warf seine Netze aus. Als die Sonne aufging, waren die Netze voll und schwer. Der Fischer zog sie ins Boot. Unter dem Fang waren auch unsere Muschel und unser Fisch. Der Fischer begann, sein Netz zu leeren. Fisch kam zu Fisch, und bald war das halbe Boot voll mit Fischen. Einer lag neben dem anderen.

Einer glich dem anderen. Auch unser stolzer Fisch machte da keine Ausnahme.

Als aber der Fischer die dunkelbraune Muschel in seine Hand nahm, spürte er: In ihr muß ein Schatz verborgen sein – und behutsam öffnete er sie. Da ergriff ihn Staunen. Noch nie hatte er etwas so Wunderbares gesehen. Die Innenseiten der Schalen glänzten wie Silber, und es fand sich in der Muschel eine Perle, kostbar und schön.

Alles, was die Muschel tief unten auf dem Grund des Sees in Stille und Ruhe erlauscht und geschaut, was sie in ihr Herz aufgenommen hatte, all das war zu einem Schatz geworden – zu einer edlen Perle.

Überlieferte Erzählung

„Deine Last hat mich stark gemacht"

Ein Mann voller Neid sah an einer Wasserstelle mitten in der Wüste Sahara eine junge Palme heranwachsen. Da er im Herzen böse war, konnte er diesen Anblick nicht ertragen. So entschloß er sich, die Palme zu verderben.

Er nahm einen schweren Stein und legte ihn mitten in die Krone des Baumes. „Dieser Stein wird dich erdrücken und verderben", grinste der Mißgünstige.

Im ersten Wind, der aufkam, schüttelte sich der junge Baum. Aber es gelang ihm nicht, seine schwere Last abzuwerfen. Da entschloß sich die Palme, mit dieser Last zu leben. Sie grub ihre Wurzeln tiefer in die Erde und sog das Naß in sich auf. So wurde sie immer kräftiger und kräftiger. Ihre Blätter wurden groß, ihre Krone stark. Nach Jahren kam der böse Mann zurück, um den verkrüppelten Baum zu sehen und sich über seine Leiden zu freuen. Aber er suchte vergebens. Die Palme, inzwischen zur größten und stärksten der ganzen Oase herangewachsen, sagte zu ihm: „Ich muß dir danken, deine Last hat mich stark gemacht."

Afrikanische Geschichte

Er war ein moderner Mensch

Ein Mensch verirrte sich in der Wüste. Weit und breit war nur Sand. Unbarmherzig brannte die Sonne. Ausgedörrt von der Glut und Hitze des Tages lechzte er nach Wasser. „Nur ein paar Tropfen Wasser!" wünschte er sich.
Da sah der Mann in einiger Entfernung eine Oase, von Bäumen umstanden. „Ach, eine Fata Morgana", dachte er, „eine Luftspiegelung, die mich narrt! In Wirklichkeit ist dort nichts, gar

nichts." Der Mann näherte sich der Oase. Immer noch sah er sie vor sich. Jetzt konnte er ganz deutlich die Dattelpalmen erkennen und Gras und Rinnsale von Wasser. „Das ist eine Hungerphantasie, die mir mein halb wahnsinniges Hirn vorgaukelt", dachte er. „Solche Phantasien hat man bekanntlich in meinem Zustand."
Da, er hörte sogar das Wasser aus der Quelle hervorsprudeln. „Eine Gehör-Halluzination! Wie qualvoll mich doch mein Wahn täuscht!"
Kurze Zeit später fanden zwei Beduinen den Mann tot im Sand liegen.
„Kannst du so etwas verstehen?" sagte der eine zum anderen. „Die Datteln wachsen ihm beinahe in den Mund. Und dicht neben der Wasserquelle liegt er verhungert und verdurstet. Wie ist das nur möglich?"
Da antwortete ihm der andere: „Er war ein moderner Mensch."

Nacherzählt

Befreit – zum Leben

Man denke sich: Menschen sitzen in einer höhlenartigen Behausung. Von Kind an sind sie an den Füßen und am Hals gefesselt. Sie können sich nicht umsehen. Sie blicken nur auf die Höhlenrückwand.

Hinter dem Eingang brennt ein Feuer. Dessen Schein erleuchtet spärlich die Höhle. Wenn nun Menschen, Gegenstände tragend, draußen vorbeihuschen, sehen die Gefesselten nur deren Schatten. Da sie aber nichts anderes kennen, meinen sie, dies sei die ganze Wirklichkeit der Welt.

Angenommen aber, einer von ihnen wird von seinen Fesseln gelöst. Dann kann er sich umdrehen und den Ausgang der Höhle erreichen. Sicher wird er sich zunächst von dem schmerzenden Licht der Sonne abwenden. Er wird im Augenblick auch noch nicht imstande sein, die Dinge und die Menschen, die er sieht, richtig zu benennen.

Angenommen aber, es schleppt ihn einer ins volle Sonnenlicht, dann wird er sich nach all dem Dunkel allmählich doch an die Helligkeit gewöhnen. Und schließlich wird er fähig werden, die Sonne zu betrachten, wie sie ist, nicht ihren Widerschein. Allmählich wird der Befreite dann erkennen, daß sie es ist, welche die Jahreszeiten und die Jahre bewirkt, über allem waltet und das Leben lenkt.

Nun wird dieser Mensch glücklich sein und seine einstigen Mitgefangenen bedauern. Nichts wird ihn mehr locken, noch einmal drunten in der dunklen Höhle zu leben. Er ist entfesselt worden – von den Schatten zur Eigentlichkeit, vom Widerschein zur Wirklichkeit. Das ist ein Gleichnis für das Leben des Menschen, der zum Wahren und zum Wirklichen befreit werden muß.

Aus dem Höhlengleichnis aus Platons „Staat"

Man nehme zwölf gut ausgereifte Monate

Man nehme zwölf gut ausgereifte Monate und beachte, daß sie vollkommen sauber sind und frei von jeglicher Erinnerung an Bitterkeit, Groll, Rachsucht, Neid und Eifersucht. Man entferne jede Spur von Kleinlichkeit und Niedrigkeit – kurzum: alles, was mit unangenehmen Dingen der Vergangenheit zusammenhängt.
Die zwölf Monate müssen also so frisch und sauber sein, wie sie aus der „Werkstatt Zeit" hervorgegangen sind. Man zerlege sodann jeden Monat in dreißig oder einunddreißig Tage, damit der Vorrat für ein Jahr ausreicht. Man richte ihn nicht alle Tage gleichzeitig an, sondern beschäftige sich jedesmal mit einem einzigen Tag. Und damit diese Tage die besten unseres Lebens

werden, beachte man sorgfältig die nachfolgenden Anweisungen.
Für jeden Tag nehme man soundso viele Teile Entschlossenheit, Mut, Ehrenhaftigkeit, Geduld, Arbeit, Vertrauen, Gebet, Bescheidenheit, Ruhe, Überlegung – und nun füge man dem Ganzen einen Löffel Schwungkraft und Frohsinn hinzu, einen kleinen Löffel Takt, eine gute Dosis Nachsicht und aufrichtige Herzlichkeit. Sodann übergieße man das Ganze mit Liebe und rühre es kräftig um. Man schmücke alsdann alles mit einem Sträußchen kleiner Aufmerksamkeiten und trage es mit Heiterkeit auf den Tisch.

Altes Kalenderrezept

„So können die sich ändern!"

Zu Mark Twain kam ein Siebzehnjähriger und erklärte: „Ich verstehe mich mit meinem Vater nicht mehr. Jeden Tag Streit. Er ist so rückständig und hat keinen Sinn für moderne Ideen. Was soll ich denn machen? Ich halte es daheim nicht mehr aus, ich muß weg."
Mark Twain antwortete dem jungen Mann: „Mein Freund, ich kann Sie gut verstehen. Als ich siebzehn Jahre alt war, war mein Vater ge-

nauso uneinsichtig und ungebildet. Es war nicht zum Aushalten. Aber haben Sie Geduld mit so alten Leuten. Wissen Sie, sie entwickeln sich langsamer.
Nach zehn Jahren, als ich siebenundzwanzig war, da hatte mein Vater so viel dazugelernt, daß man sich schon ganz vernünftig mit ihm unterhalten konnte. Und glauben Sie mir, heute, wo ich siebenunddreißig bin: Wenn ich keinen Rat weiß, dann gehe ich zu meinem alten Vater und frage ihn. So können die sich ändern!"

Nach Mark Twain

Zerstörte Hoffnung

Eine arme Frau fand ein Ei. Da rief sie ihre Kinder und sagte ihnen: „Kinder! Von nun an brauchen wir uns nicht zu sorgen. Es wird uns nichts mehr fehlen. Seht, ich habe ein Ei gefunden. Aber wisset, wir werden es nicht essen, sondern wir werden den Nachbarn bitten, daß er das Ei unter seine Henne legen soll, damit aus dem Ei eine Henne hervorkomme. Auch die Henne werden wir nicht essen, sondern wir werden sie auf Eier setzen, und von den Eiern werden neue Hennen hervorkommen, und die

Hennen werden noch Eier legen, und wir werden viele Eier und viele Hennen haben. Wir werden aber weder die Eier noch die Hennen essen, sondern wir werden sie verkaufen und ein Kalb kaufen. Auch das Kalb werden wir nicht essen, sondern wir werden es großziehen, bis aus ihm eine Kuh wird. Aus der Kuh werden Kälber geboren werden, und wir werden eine ganze Herde haben. Wir werden die Herde verkaufen und ein Feld kaufen, wir werden verkaufen und kaufen, wir werden verkaufen und kaufen ... "
Während diese arme Frau so redete, fiel das Ei aus ihrer Hand und zerbrach.

Erzählt nach Schlomo Karlin (1738–1792)

„Ich muß den Himmel halten"

Unter einem mächtigen Eichbaum lag ein kleiner Piepmatz auf seinem Rücken und streckte seine zierlichen Beinchen gegen den Himmel.
Da kam ein alter Rabe vorbeigeflogen, sah das kleine Vögelchen und fragte erstaunt: „Was machst du denn da? Du liegst auf dem Rücken und zitterst am ganzen Leib und hebst deine Beine empor, als ob du etwas halten müßtest."
„Ja", antwortete der kleine Piepmatz, „ich muß

den Himmel halten, daß er über uns nicht einstürzt."
Gerade in diesem Augenblick löste sich ein großes Blatt vom Eichbaum und schwebte langsam zur Erde nieder.
Aufgeschreckt flog das Vögelchen auf und davon. Der alte Rabe saß noch immer bedächtig in der Nähe und bemerkte: „Jetzt ist er weg, der kleine Piepmatz! Und der Himmel hält auch ohne ihn."

Alte Erzählung

Die ungleichen Brüder

Von zwei unbemittelten Brüdern hatte der eine keine Lust und keinen Mut, etwas zu erwerben, weil ihm das Geld nicht zu den Fenstern hineinregnete. Er sagte immer: „Wo nichts ist, kommt nichts hin."
Und so war es auch. Er blieb sein Leben lang der arme Bruder „Wo-nichts-ist", weil es ihm nie der Mühe wert war, mit einer kleinen Ersparnis den Anfang zu machen, um nach und nach zu einem größeren Vermögen zu kommen.
So dachte der jüngere Bruder nicht. Der pflegte zu sagen: „Was nicht ist, kann noch werden." Er hielt das Wenige, was ihm von der Hinterlassen-

schaft seiner Eltern zugefallen war, zu Rat und vermehrte es nach und nach durch eigene Ersparnis, indem er fleißig arbeitete und eingezogen lebte. Anfänglich ging es hart und langsam. Aber sein Sprichwort „Was nicht ist, kann noch werden" gab ihm immer Mut und Hoffnung. Mit der Zeit ging es besser. Er wurde durch unverdrossenen Fleiß und Gottes Segen noch ein reicher Mann und ernährt jetzt die Kinder des armen Bruders „Wo-nichts-ist", der selber nichts zu beißen und zu nagen hat.

Nach Johann Peter Hebel

„Lieber Bambusbaum, ich brauche dich"

In einem großen Garten wuchs ein Bambusbaum. Von Jahr zu Jahr wurde er kräftiger und schöner. Der Herr des Gartens hatte seine Freude an ihm. Eines Tages aber blieb er vor ihm stehen und sagte: „Lieber Bambusbaum, ich brauche dich!"
Und der Baum antwortete: „Herr, ich bin bereit, gebrauch mich, wie du willst und wozu du willst." Die Stimme des Herrn wurde ernst: „Um dich zu gebrauchen, muß ich dich beschneiden!"
Da erzitterte der Baum: „Mich beschneiden?

Deinen schönsten Baum im Garten? Nein, das nicht, das bitte nicht! Verwende mich doch zu deiner Freude, Herr, aber nicht beschneiden!"

Da sagte der Herr noch ernster: „Wenn ich dich nicht beschneide, kann ich dich nicht gebrauchen."

Im Garten wurde es ganz still. Der Wind hielt den Atem an. Da beugte der Bambus seinen herrlichen Kopf und sagte demütig: „Herr, wenn du mich anders nicht gebrauchen kannst, dann beschneide mich!"

Doch der Herr sagte: „Mein geliebter Bambus, ich werde dir auch deine Blätter und Äste abschneiden müssen!"

„Ach, Herr, davor bewahre mich! Wenn du willst, dann zerstöre meine Schönheit, aber laß mir meine Blätter und Äste!"

„Aber wenn ich sie dir nicht abschneide, kann ich dich nicht gebrauchen!"

Die Sonne versteckte ihr Gesicht. Ein Schmetterling flog ängstlich davon. Bis in seine Seele getroffen, flüsterte der Bambus: „Herr, dann schlag meine Äste ab!"

„Mein geliebter Bambus, ich muß dir noch mehr antun. Ich muß dich mitten durchschneiden und dein Herz herausnehmen. Wenn ich das nicht tue, kann ich dich nicht gebrauchen!"

Da neigte sich der Bambus bis zur Erde: „Herr, dann schneide!"

So fällte der Herr des Gartens den Bambusbaum, hieb seine Äste ab, teilte ihn in zwei Teile und schnitt sein Mark heraus. Dann trug er ihn mitten durch die trockenen Felder zu einer Quelle. Die verband er durch den Bambusstamm mit der Wasserrinne im Feld. Und das klare, glitzernde Wasser floß durch den zerteilten Körper des Bambus in den Kanal und auf die dürren Felder, um sie zu benetzen und eine reiche Ernte möglich zu machen. Und so wurde der herrliche Bambusbaum zum großen Segen: Er trug das Wasser in seiner Rinne überallhin – zum Leben für alle.

Chinesische Geschichte

Das Eichhörnchen und der Wolf

Unter einem Baume schlief ein Wolf, und über ihm auf den Ästen hüpfte ein Eichhörnchen. Es sprang mutwillig umher und fiel dabei auf den Wolf. Dieser sprang auf, fing das erschrockene Tierchen und wollte es auffressen.
„Laß mich frei", bat das Eichhörnchen.
„Gut", entgegnete der Wolf, „aber du mußt mir dafür erzählen, warum ihr Eichhörnchen immer so fröhlich seid. Ihr hüpft und springt tagtäglich von Baum zu Baum, von Ast zu Ast, während mir stets traurig zumute ist."

„Ich kenne den Grund", sagte das Eichhörnchen. „Aber ich habe große Angst vor dir. Laß mich los, und ich sage dir, warum du nicht so von Herzen froh sein kannst wie wir kleinen Gesellen."
Der Wolf gab daraufhin dem Eichhörnchen die Freiheit zurück. Wohlweislich sprang es auf einen Baum und sprach: „Du bist deshalb immer so unlustig und traurig, weil du böse und mißtrauisch bist. Daher hat dich mürrischen Gesellen auch niemand gern. Wir hingegen sind deshalb so fröhlich, weil wir niemandem etwas Böses zufügen. Daher sind wir auch überall gern gesehen, und alle haben uns lieb!"

Russische Fabel

Nur die Liebe zählt

Mann und Frau

Unser Schöpfer und Herr hatte gerade den Mann erschaffen. Erde und Lehm waren dafür verbraucht. Woraus sollte er nun bloß die Frau, die Partnerin und Gefährtin des Mannes, machen?

Darüber dachte Gott lange nach. Dann kam ihm der Einfall.

Er nahm das Rund des Mondes, die Schmiegsamkeit der rankenden Weinrebe und das Zittern des Grases; die Schlankheit des Schilfstengels und die Blütenpracht der Blumen; die Leichtigkeit der Blätter und die Heiterkeit der Sonnenstrahlen; die Tränen der Wolken und die Unstetigkeit der Winde; die Furchtsamkeit des Hasen und die Eitelkeit des Pfaus; die Weichheit der Papageienbrust und die Härte des Diamanten; die Süße des Honigs und die Kampfbereitschaft des Tigers; das Brennen des Feuers und die Kälte des Schnees; die Geschwätzigkeit der Elster und den Gesang der Nachtigall; die List des Fuchses und die große Treue der Wildenten.

Alle diese Elemente vereinigte der Schöpfer zu einem neuen Wesen und führte die Frau dem Manne zu.

Nach einer Woche kam der Mann zu Gott und sagte: „Herr, über diese Frau, die du mir gegeben hast, bin ich gar nicht glücklich. Sie redet zuviel und will immer etwas von mir, so daß ich keine Ruhe mehr habe. In jedem Augenblick soll ich ihr Aufmerksamkeit schenken; auf diese Weise vergeude ich meine ganze Zeit. Sie bauscht jede Kleinigkeit auf – und überhaupt: sie geht mir auf die Nerven. Deshalb bin ich gekommen, um sie dir zurückzugeben, denn ich kann nicht mit ihr leben."

„Nun gut", sagte da der Schöpfer und nahm die Frau zurück.

Eine Woche später aber kam der Mann erneut zu seinem Schöpfer und bat ihn: „Herr, mein Leben ist so leer. Seit ich dir dieses Geschöpf zurückgegeben habe, bin ich arg allein. Ich muß dauernd an sie denken – wie sie tanzte und sang, wie sie mich lächelnd ansah, wie sie mit mir plauderte und sich an mich schmiegte. Sie war so schön und so weich. Ihre Art machte mich froh. Bitte, gib mir doch die Frau wieder zurück!"

„Na, dann nimm sie dir wieder", sagte der Schöpfer und gab sie dem Mann zurück.

Aber schon nach drei Tagen kam der Mann wieder und sprach ziemlich bedrückt: „Herr, ich weiß nicht, ich kann es mir nicht erklären, aber nach all meinen Erfahrungen mit dieser Frau bin ich zu dem Schluß gekommen, daß sie mir mehr Kummer als Freude bereitet. Ich flehe

dich deshalb an, nimm sie doch bitte wieder zurück!"
Diesmal sprach der Schöpfer: „Mann, mach, daß du fort kommst! Denn jetzt habe ich genug! Lebe so mit der Frau, wie du kannst!"
Darauf sprach der Mann: „Aber ich kann mit ihr nicht leben, ich sagte es dir doch!"
„Und ohne sie kannst du auch nicht leben!" entgegnete ihm der Schöpfer, wandte dem Mann den Rücken zu und fuhr in seinem Werk fort.

Indische Legende

Ein Zeichen Gottes

Zehn Jahre lang lebte ein Mann mit seiner Frau recht zufrieden in der Ehe. Doch leider gebar ihm seine Gattin kein Kind. Dem Gesetz folgend, das für diesen Fall die Scheidung vorsieht, gingen die zwei zum Rabbi.
Der Rabbi sprach zu ihnen: „Bei eurer Liebe! Ihr habt zu eurer Hochzeit ein großes Fest gefeiert. Feiert noch einmal eines zu eurem Abschied!"
Sie folgten dem Rat des Rabbi und bereiteten ein großes Fest, bei dem die Frau ihrem Mann mehr süßen Wein als gewöhnlich zu trinken gab. Als er sich sehr fröhlich und wohl fühlte, sagte er zu seiner Frau: „Liebste, nimm aus mei-

nem Haus mit, was dir am besten gefällt. Dann kehr zurück in das Haus deines Vaters."

Und was tat die Frau? Als ihr Mann trunken eingeschlafen war, rief sie ihre Knechte und Mägde herbei und befahl ihnen, das Bett, auf dem ihr Mann schlief, in das Haus ihres Vaters zu tragen.

Dort wachte ihr Mann um Mitternacht auf. Als ihn der Weinrausch verlassen hatte, sah er sich verwundert um und fragte: „Liebste, wo bin ich denn?"

„Du bist im Hause meines Vaters", antwortete sie.

„Was habe ich denn im Hause deines Vaters zu schaffen?"

Die Frau erwiderte: „Erinnerst du dich nicht daran, daß du mir gestern abend gesagt hast: ‚Nimm mit, was dir am besten gefällt'? Nichts, mein Geliebter, gefällt mir besser in der ganzen Welt als du!"

Der Mann sah in der Liebe seiner Frau ein Zeichen Gottes. Sie gingen wieder zusammen zum Rabbi. Dieser betete über sie; und die Frau wurde schwanger.

Rabbinische Geschichte

Der Blinde und der Lahme

Ein Blinder und ein Lahmer wurden von einem Waldbrand überrascht. Die beiden gerieten in Angst. Der Blinde floh gerade aufs Feuer zu. „Flieh nicht dorthin!" rief der Lahme.
Der Blinde fragte: „Wohin soll ich mich wenden!" Der Lahme: „Ich könnte dir den Weg vorwärts zeigen, so weit du wolltest. Da ich aber lahm bin, so nimm mich auf deine Schultern, damit ich dir angebe, wie du dem Feuer, den Schlangen und Dornen aus dem Weg gehen kannst, und damit ich dich glücklich in die Stadt weisen kann!"
Der Blinde folgte dem Rat des Lahmen, und zusammen gelangten die beiden wohlbehalten in die Stadt.

Märchen aus Indien

Die beiden Brüder

Zwei Brüder wohnten einst auf dem Berg Morija. Der jüngere war verheiratet und hatte Kinder, der ältere war unverheiratet und allein. Die beiden Brüder arbeiteten zusammen, sie pflügten das Feld zusammen und streuten zusammen den Samen aus. Zur Zeit der Ernte brachten sie das Getreide ein und teilten die Garben in zwei gleich große Stöße, für jeden einen Stoß Garben.

Als es Nacht geworden war, legte sich jeder der beiden Brüder bei seinen Garben nieder, um zu schlafen. Der ältere aber konnte keine Ruhe finden und sprach in seinem Herzen: „Mein Bruder hat eine Familie, ich dagegen bin allein und ohne Kinder, und doch habe ich gleich viele Garben genommen wie er. Das ist nicht recht."
Er stand auf, nahm von seinen Garben und schichtete sie heimlich und leise zu den Garben seines Bruders. Dann legte er sich wieder hin und schlief ein.

In der gleichen Nacht nun, geraume Zeit später, erwachte der Jüngere. Auch er mußte an seinen Bruder denken und sprach in seinem Herzen: „Mein Bruder ist allein und hat keine Kinder. Wer wird in seinen alten Tagen für ihn sorgen?" Und er stand auf, nahm von seinen Garben und trug sie heimlich und leise hinüber zum Stoß des Älteren.

Als es Tag wurde, erhoben sich die beiden Brüder, und wie war jeder erstaunt, daß ihre Garbenstöße die gleichen waren wie am Abend zuvor. Aber keiner sagte dem anderen ein Wort. In der zweiten Nacht wartete jeder ein Weilchen, bis er den anderen schlafend wähnte. Dann erhoben sie sich, und jeder nahm von seinen Gar-

ben, um sie zum Stoß des anderen zu tragen. Auf halbem Weg trafen sie plötzlich aufeinander, und jeder erkannte, wie gut es der andere mit ihm meinte. Da ließen sie ihre Garben fallen und umarmten einander in herzlicher brüderlicher Liebe.
Gott im Himmel aber schaute auf sie hernieder und sprach: „Heilig, heilig sei mir dieser Ort. Hier will ich unter den Menschen wohnen."

Aus dem Hebräischen

Nacht und Tag

Ein Rabbi fragte seine Schüler: „Wann ist der Übergang von der Nacht zum Tag?"
Der erste Schüler antwortete: „Dann, wenn ich ein Haus von einem Baum unterscheiden kann."
„Nein", gab der Rabbi zur Antwort.
„Dann, wenn ich einen Hund von einem Pferd unterscheiden kann", versuchte der zweite Schüler eine Antwort.
„Nein", antwortete der Rabbi. Und so versuchten die Schüler nacheinander, eine Antwort auf die gestellte Frage zu finden.
Schließlich sagte der Rabbi: „Wenn du das Gesicht eines Menschen siehst und du entdeckst

darin das Gesicht deines Bruders oder deiner Schwester, dann ist die Nacht zu Ende, und der Tag ist angebrochen."

Jüdische Legende

In den Armen des Vaters

Eines Nachts bricht in einem Haus ein Brand aus. Während die Flammen emporschießen, stürzen Eltern und Kinder aus dem Haus. Entsetzt sehen sie dem Schauspiel zu.
Plötzlich bemerken sie, daß der Jüngste fehlt, ein fünfjähriger Junge, der im Augenblick der Flucht vor Rauch und Flammen Angst bekam und in den oberen Stock kletterte. Man schaut einander an. Keine Möglichkeit, sich in das Haus zurückzuwagen, das immer mehr zu einem Glutofen wird.
Da öffnet sich oben ein Fenster. Das Kind ruft um Hilfe.
Sein Vater sieht es und schreit ihm zu: „Spring!"
Das Kind sieht nur Rauch und Flammen. Es hört aber die Stimme des Vaters und antwortet: „Vater, ich sehe dich nicht!"
Der Vater ruft ihm zu: „Aber ich sehe dich, und das genügt, spring!"
Das Kind sprang und fand sich heil und gesund

in den Armen des Vaters, der es aufgefangen hatte.

Aus Deutschland

Die Steinsuppe

Einmal kamen drei hungrige Soldaten in eine Stadt und suchten um Essen nach. Sie baten die Bürger erst freundlich, dann dringend! Schließlich forderten sie, daß diese Stadt sie, die Soldaten des eigenen Heeres, gefälligst zu ernähren habe.
Die Bürger reagierten nicht. Im Gegenteil: Je drängender die Soldaten forderten, desto mehr verschlossen sich ihre Gesichter.
Da besorgten sich die Soldaten einen großen Kessel, füllten ihn geduldig mit Wasser und warfen mit auffälligen Gebärden einige Steine in den Topf. Dann machten sie Feuer.
Die Bürger aber konnten ihrer Einbildungskraft nicht widerstehen. Kaum glaublich, einige holten Karotten hervor, um den Geschmack zu verbessern, andere schlugen Salz vor, noch andere brachten Hafer, sogar Fleisch. Jeder machte sich Gedanken, wie man die Suppe verbessern könne, und trug etwas zu dem merkwürdigen Unternehmen bei.

Am Ende hatten die Soldaten nicht nur die Suppe, sondern auch die Bewohner der Stadt zu einem fröhlichen, selbstlosen Fest zusammengebracht.

Mittelalterliche Legende

„Ich sehe nur einen einzigen Sohn"

Drei Frauen waren unterwegs zu einem Brunnen, um dort Wasser zu holen. Nicht weit davon saß ein alter Mann und hörte mit an, wie die Frauen ihre Söhne lobten.

„Mein Sohn", sagte die erste Frau, „ist geschickter und behender als alle anderen."

„Mein Sohn", sagte die zweite Frau, „singt so herrlich wie eine Nachtigall. Es gibt niemanden, der eine so schöne Stimme hat wie er."

„Und du? Was kannst du von deinem Sohn Lobenswertes sagen?" fragten sie die dritte Frau, als diese schwieg.

„Mein Sohn hat nichts, was ich besonders loben könnte", entgegnete diese. „Mein Sohn ist ein gewöhnlicher Junge und hat nichts Bewundernswertes an sich."

Die Frauen füllten ihre Eimer am Brunnen und gingen heim. Der alte Mann aber schritt langsam hinter ihnen her. Die Eimer, voll des Wassers, waren schwer und die Arme der Frauen schwach. Deshalb machten sie unterwegs eine Ruhepause.

Da kamen ihnen ihre drei Jungen entgegen. Der erste stellte sich auf die Hände und schlug Rad um Rad. Die Frauen riefen: „Was für ein geschickter Junge!"

Der zweite sang so herrlich wie die Nachtigall, und die Frauen hörten ihm zu, Tränen in den Augen.

Der dritte Junge aber lief zu seiner Mutter, hob ihren Eimer hoch und trug ihn heim.

Da fragten die Frauen den alten Mann: „Was sagst du zu unseren Söhnen?"

„Wo sind eure Söhne?" sagte der alte Mann verwundert. „Ich sehe nur einen einzigen Sohn!"

Nach einer alten Geschichte

Die Glieder des Leibes

Die Glieder des menschlichen Körpers wurden es einmal überdrüssig, einander zu dienen, und faßten den Vorsatz, dies nicht mehr zu tun.

Die Füße sagten: „Warum sollen wir allein für andere tragen? Schafft euch selbst Füße, wenn ihr gehen wollt!"

Die Hände sagten: „Warum sollen wir allein für

andere arbeiten? Schafft euch selbst Hände, wenn ihr Hände braucht!"

Der Mund brummte: „Ich müßte wohl ein großer Narr sein, wenn ich immer für den Magen Speisen kauen wollte, damit er nach seiner Bequemlichkeit verdauen möge; schaffe sich selbst einen Mund, wer einen nötig hat!"

Die Augen fanden es gleichfalls sehr sonderbar, daß sie allein für den ganzen Leib beständig Wache halten und für ihn sehen sollten. Und so sprachen auch alle übrigen Glieder des Leibes, und eines kündigte dem andern den Dienst auf. Was geschah? Da die Füße nicht mehr gehen, die Hände nicht mehr arbeiten, der Mund nicht mehr essen, die Augen nicht mehr sehen wollten, so fing der ganze Körper in allen seinen Gliedern an zu welken und nach und nach abzusterben.

Da sahen sie ein, daß sie töricht gehandelt hatten, und wurden einig, daß es künftig nicht wieder geschehen sollte. Da diente wieder ein Glied dem andern, und alle wurden wieder gesund und stark, wie sie vorher gewesen waren.

Römische Legende

Die Legende vom Senfsamen

In einem fernen Land lebte eine Frau, deren einziger Sohn starb. In ihrem Kummer ging sie zu einem heiligen Mann und fragte ihn: „Welche Gebete und Beschwörungen kennst du, um meinen Sohn wieder zum Leben zu erwecken?"

Er antwortete ihr: „Bring mir einen Senfsamen aus einem Hause, das niemals Leid kennengelernt hat! Damit werden wir den Kummer aus deinem Leben vertreiben."

Die Frau begab sich auf die Suche nach dem Zauber-Senfkorn. Auf ihrem Weg kam sie bald an ein prächtiges Haus, klopfte an die Tür und sagte: „Ich suche ein Haus, das niemals Leid erfahren hat. Ist dies der richtige Ort? Es wäre wichtig für mich."

Die Bewohner des Hauses antworteten ihr: „Da bist du an den falschen Ort gekommen", und sie zählten all das Unglück auf, das sich jüngst bei ihnen ereignet hatte.

Die Frau dachte bei sich: „Wer kann diesen armen unglücklichen Menschen wohl besser helfen als ich, die ich selber so tief im Unglück bin?" Sie blieb und tröstete sie.

Später, als sie meinte, genug Trost gespendet zu haben, brach sie wieder auf und suchte aufs neue ein Haus ohne Leid. Aber wo immer sie

sich hinwandte, in Hütten und Palästen, überall begegnete ihr das Leid.
Schließlich beschäftigte sie sich ausschließlich mit dem Leid anderer Leute. Dabei vergaß sie die Suche nach dem Zauber-Senfkorn, ohne daß ihr das bewußt wurde. So verbannte sie mit der Zeit den Schmerz aus ihrem Leben.

Aus China

Der Pelikan

Ein Land wurde von einer großen Hungersnot befallen. Menschen und Tiere litten Not. Sie wußten nicht, wie sie ihr Leben erhalten konnten.
In diesem Land lebte auch ein Pelikan, der sich nicht so sehr um sein Leben als vielmehr um das Leben seiner Jungen sorgte. Sie forderten Tag für Tag ihre Nahrung.
Der Pelikan wußte keinen Ausweg mehr. In seiner großen Not bohrte er sich mit dem Schnabel ein Loch in die Brust und gab sein Blut den Jungen zu trinken.
Als die Hungersnot vorüber war, konnten die Jungen gekräftigt ins Leben hinausfliegen. Der alte Pelikan aber starb. Er hatte sein Blut, sein Leben verschenkt an seine Jungen.

Afrikanische Sage

Freunde müssen einander helfen

Eine Ameise und eine Grille gingen gemeinsam des Weges. Sie kamen an einen kleinen Fluß. Die Grille sagte: „Ameise, meine Freundin, ich kann über den Fluß hinüberspringen. Wie steht es mit dir?"
„Das kann ich sicher auch", meinte die Ameise. Sofort sprang die Grille hinüber, mit Erfolg. Auch die Ameise versuchte es, glitt aber aus und fiel ins Wasser.
„Hilf mir, Grille, zieh mich mit einem Seil heraus!" rief sie ängstlich.
Die Grille lief davon und suchte ein Seil. Da traf sie das Schwein, und sie sagte: „Liebes Schwein, hilf mir bitte! Gib mir ein paar von deinen Borsten, damit ich ein Seil machen kann, um der Ameise, die in den Fluß gefallen ist, zu helfen."
Das Schwein antwortete: „Gib mir erst eine Kokosnuß. Dann werde ich dir meine Borsten geben."
Schnell lief die Grille davon und suchte die Kokospalme auf. Sie sagte: „Kokospalme, bitte, hilf mir! Gib mir eine von deinen Nüssen, damit ich sie dem Schwein geben kann, damit es mir von seinen Borsten gibt, damit ich ein Seil machen kann, um der Ameise, die ins Wasser gefallen ist, zu helfen."
„Vertreib erst die Krähe, die sich auf meine Blät-

ter gesetzt hat. Dann werde ich dir eine Kokosnuß geben", antwortete die Palme.

„Krähe, willst du bitte die Kokospalme verlassen, damit sie mir eine Nuß gibt, die ich dem Schwein geben kann, damit das Schwein mir von seinen Borsten gibt, aus denen ich ein Seil machen will, um der Ameise herauszuhelfen, die ins Wasser gefallen ist!"

Und was antwortete die Krähe? „Ich werde weggehen, vorausgesetzt, du gibst mir ein Ei."

Die Grille lief davon und suchte das Huhn auf und erbat von ihm ein Ei. Aber das Huhn antwortete: „Bring mir ein paar Körner Reis und Mais, dann werde ich dir ein Ei geben."

Schnell eilte die Grille zum Vorratsspeicher und erbat ein paar Körner Reis und Mais. Der Vorratsspeicher antwortete: „Vertreib erst die Maus, die sich in meinem Innern eingenistet hat. Dann werde ich dir Reis und Mais geben."

Die Maus aber wollte nur unter der Bedingung fortgehen, daß sie zuerst Kuhmilch bekam.

Da ging die Grille zur Kuh und bat sie um etwas Milch. Die Kuh antwortete: „Gib mir ein Bündel Heu, dann werde ich dir einen Becher frischer Milch geben."

Sofort sprang die Grille auf die Wiese, schnitt Heu, und nachdem sie es gebündelt hatte, brachte sie es der Kuh.

Von der Kuh bekam sie jetzt frische Milch. Die-

se gab sie der Maus. Die Maus nahm die Milch und verließ den Vorratsspeicher. Von dem Vorratsspeicher bekam die Grille einige Körner Reis und Mais. Die brachte sie sofort dem Huhn. Das Huhn gab ihr jetzt das versprochene Ei, das sie schnell der Krähe gab. Die Krähe nahm das Ei und flog weg von der Kokospalme. Von der Palme bekam die Grille eine Nuß, die sie unverzüglich dem Schwein übergab. Und von dem Schwein bekam sie einige Borsten.
Als die Grille die Borsten bekommen hatte, machte sie daraus gleich ein Seil. Schnell half sie der Ameise, warf das eine Ende des Seiles in den Fluß und hielt das andere fest. Und die Ameise kletterte auf das Seil und gelangte wohlbehalten wieder ans Ufer.
„Hab Dank, liebe Grille, du meine Freundin", sprach die Ameise gerührt.
„Aber bitte", erwiderte darauf die Grille lächelnd, „Freunde müssen einander helfen!"

Indonesisches Märchen

Das gefällt Gott

Rabbi Baruka erging sich oft auf dem Marktplatz von Lapet. Dort erschien ihm eines Tags der Prophet Elia. Rabbi Baruka sprach ihn an:

„Gibt es unter den vielen Menschen hier einen einzigen, der Anteil an der kommenden Welt haben wird?"

Der Prophet Elia antwortete: „Unter den Massen von Menschen gibt's nur jenen dort, der gerettet werden wird." Und der Prophet zeigte auf einen Spaßmacher, der die Leute köstlich unterhielt.

Rabbi Baruka ging auf diesen zu und fragte ihn: „Was tust du denn, durch was machst du dich nützlich?" Der Mann antwortete ihm: „Ich bin nur ein Gaukler. Wenn ich jemand sehe, der traurig ist, dann versuche ich, ihn zu erheitern und froh zu machen. Wenn ich Menschen sehe, die sich streiten, versuche ich, sie wieder zusammenzubringen und zu versöhnen. Wenn ich Leute sehe, die sich viel einbilden und stolz sind, dann versuche ich, ihnen einen Spiegel vorzuhalten, damit sie sich recht erkennen. Wenn ich einem Menschen begegne, der im Herzen böse ist, dann versuche ich, ihn umzustimmen und besser zu machen."

Rabbi Baruka wurde nachdenklich: „Das also gefällt Gott! Und das wird er mit der Wonne seiner Seligkeit belohnen."

Rabbinische Geschichte

Und der Krieg unterblieb

Als der Krieg zwischen zwei benachbarten Völkern unvermeidlich schien, schickten die feindlichen Feldherrn Späher aus, um zu erkunden, wo man am leichtesten in das Nachbarland einfallen könnte.

Die Kundschafter kehrten zurück und berichteten auf beiden Seiten dasselbe: Es gebe nur eine Stelle an der Grenze, die sich dafür eigne, in das andere Land einzubrechen. „Dort aber", sagten sie, „wohnt ein braver Bauer mit seiner anmutigen jungen Frau in einem kleinen Haus. Sie haben einander lieb, und es heißt, sie seien die glücklichsten Menschen auf der Welt. Sie haben ein Kind. Wenn wir nun über das kleine Grundstück ins Feindesland einmarschierten, würden wir das Glück dieser drei Menschen zerstören. Also kann es keinen Krieg geben."

Das sahen die Feldherren dann auch wohl oder übel ein, und der Krieg unterblieb, wie jeder Mensch begreifen wird.

Chinesisches Märchen

Der Supermarkt der Engel

Die Nachricht verbreitet sich blitzschnell in der ganzen Gegend: Engel haben einen gewaltigen Supermarkt eröffnet. Die größten, ausgefallensten Bedürfnisse werden dort befriedigt. In ein paar Tagen könne jeder seinen Wunschzettel einlösen.

Die konsumbegierigen Bürger machen sich ans Werk und schreiben ihre Wünsche nieder. Eine bessere Welt wollen alle: mehr Frieden, freundlichere Mitmenschen. Manche wollen eine gerechtere Verteilung der Güter dieser Welt. Eltern erwarten folgsamere Kinder, Jugendliche mehr Verständnis bei den Erwachsenen. Dreimal unterstrichen steht überall der Wunsch nach mehr Menschlichkeit zu Hause, in Schule und Betrieb. Vollbepackt mit guten Wünschen stürmen sie den Supermarkt. Das Bild gleicht einem Sommer- oder Winter-Schlußverkauf.

Die Überraschung der Leute ist groß. Die Engel nehmen alle Wunschzettel freundlich entgegen: „Das alles könnt ihr haben – aber wir verkaufen nicht die Früchte, nur den Samen!"

Unbekannter Verfasser

Das Fest fand nicht statt

Ein Brautpaar feierte Hochzeit. Obwohl die jungen Leute arm waren, luden sie viele Menschen zur Feier ein. Sie sagten sich: Geteilte Freude ist doppelte Freude. Laßt uns ein schönes Fest begehen! Unsere eigene Freude soll auch andere anstecken. Es herrscht unter den Menschen ohnehin mehr Leid als Freude.

Also baten die Brautleute die Eingeladenen, sie möchten doch alle zu ihrer Hochzeit eine Flasche Reiswein mitbringen. Am Eingang des Saales würde ein großes Faß stehen. In dieses sollten sie ihren Wein gießen. Jeder solle dann von der Gabe des anderen mittrinken. Und ein jeder solle durch den anderen froh und glücklich werden. Als das Fest eröffnet wurde, geschah alles so, wie bedacht. Die Gäste kamen. Ein jeder brachte das erbetene Geschenk. Dann gingen die Diener zum Faß und schöpften daraus. Doch wie groß war das Erschrecken aller, als sie bemerkten, daß im Faß nicht Wein, sondern Wasser war, pures Wasser.

Beschämt saßen oder standen die Hochzeitsgäste da. Plötzlich wurde ihnen klar, daß jeder dasselbe gedacht hatte: „Ach, die eine Flasche Wasser, die ich ins Faß hineingieße, wird niemand bemerken und keiner herausschmecken."
Nun aber wußten sie, daß jeder so gehandelt

hatte. Jeder von ihnen hatte gedacht: „Heute will ich auf Kosten anderer feiern und leben." Und alle erfaßte Unruhe, Unsicherheit und Scham. Sie waren betroffen und gingen schweigend auseinander.

Aus China

Bis es wehe tut

Ich vergesse nie ein kleines Kind, einen Hindujungen von vier Jahren. Er hatte irgendwie gehört: „Mutter Teresa hat keinen Zucker für ihre Kinder." Er ging nach Hause zu seinen Eltern und sagte: „Ich will drei Tage lang keinen Zukker essen, ich schenke ihn Mutter Teresa."
Nach drei Tagen mußten seine Eltern ihn zu mir bringen, und er schenkte mir ein kleines Gläschen Zucker. Wie sehr liebte das kleine Kind! Es liebte, bis es wehe tat.
Und dies ist es, worum ich Sie bitte: Liebt einander, bis es wehe tut! Vergessen Sie nicht, daß es viele Kinder, viele Frauen, viele Männer auf dieser Welt gibt, die das nicht haben, was Sie haben, und denken Sie daran, daß Sie auch jene lieben, bis es wehe tut!

Mutter Teresa (aus der Ansprache bei der Verleihung des Friedensnobelpreises am 10.12.1979)

Der Bettler

Ich ging die Straße hinunter. Ein dürftiger, gebrechlicher Greis hielt mich an. Entzündete, tränende Augen, fahlblaue Lippen, zerfetzte Lumpen, unsaubere Schwären. O, wie schrecklich hatte die Not dieses unglückliche Geschöpf verunstaltet! Er streckte mir seine gerötete, verschwollene, schmutzige Hand hin. Ich begann, all meine Taschen zu durchsuchen. Aber weder Geldbeutel noch Uhr, nicht einmal ein Taschentuch war da. Ich hatte nichts mitgenommen. Der Bettler aber wartete noch immer, und seine vorgestreckte Hand bebte und zitterte vor Schwäche. Verwirrt und verlegen ergriff ich diese schmutzige, zitternde Hand.
„Zürne mir nicht, Bruder, ich habe gar nichts bei mir, mein Bruder."
Der Bettler richtete seine entzündeten Augen auf mich; ein Lächeln kam auf seine fahlen Lippen – und dann drückte auch er meine erkalteten Finger.
„Laß es gut sein, Bruder", sagte er leise, „auch dafür bin ich dir dankbar. Auch das ist eine Gabe, mein Bruder." Da fühlte ich, daß auch ich von meinem Bruder eine Gabe empfangen hatte.

Nach Iwan Turgenjew

Gefährten oder Tod

Ein Weiser mit Namen Choni ging einmal über Land und sah einen Mann, der einen Johannisbrotbaum pflanzte. Er blieb bei ihm stehen und sah ihm zu und fragte: „Wann wird das Bäumchen wohl Früchte tragen?" Der Mann erwiderte: „In siebzig Jahren."
Da sprach der Weise: „Du Tor! Denkst du, in siebzig Jahren noch zu leben und die Früchte deiner Arbeit zu genießen? Pflanze lieber einen Baum, der früher Früchte trägt, daß du dich ihrer erfreust in deinem Leben."
Der Mann aber hatte sein Werk vollendet und sah freudig darauf, und er antwortete: „Rabbi, als ich zur Welt kam, da fand ich Johannisbrotbäume und aß von ihnen, ohne daß ich sie gepflanzt hatte, denn das hatten meine Väter getan. Habe ich nun genossen, wo ich nicht gearbeitet habe, so will ich einen Baum pflanzen für meine Kinder oder Enkel, daß sie davon genießen. Wir Menschen mögen nur bestehen, wenn einer dem anderen die Hand reicht. Siehe, ich bin ein einfacher Mann, aber wir haben ein Sprichwort: Gefährten oder Tod."

Rabbinische Geschichte

Das Zwiebelchen

Es lebte einmal ein altes Weib, das war sehr, sehr böse und starb. Diese Alte hatte in ihrem Leben keine einzige gute Tat vollbracht. Da kamen denn die Teufel, ergriffen sie und warfen sie in den Feuersee. Ihr Schutzengel aber stand da und dachte: Kann ich mich denn keiner einzigen guten Tat von ihr erinnern, um sie Gott mitzuteilen?

Da fiel ihm etwas ein, und er sagte zu Gott: „Sie hat einmal", sagte er, „in ihrem Gemüsegärtchen ein Zwiebelchen herausgerissen und es einer Bettlerin geschenkt." Und Gott antwortete ihm: „Dann nimm", sagte er, „dieses selbe Zwiebelchen, und halte es ihr hin in den See, so daß sie es zu ergreifen vermag, und wenn du sie daran aus dem See herausziehen kannst, so möge sie ins Paradies eingehen, wenn aber das Pflänzchen abreißt, so soll sie bleiben, wo sie ist."

Der Engel lief zum Weibe und hielt ihr das Zwiebelchen hin: „Hier", sagte er zu ihr, „faß an, wir wollen sehen, ob ich dich herausziehen kann!" Und er begann vorsichtig zu ziehen – und hatte sie beinahe schon ganz herausgezogen, aber da bemerkten es die anderen Sünder im See, und wie sie das sahen, klammerten sie sich alle an sie, damit man auch sie mit ihr zusammen herauszöge.

Aber das Weib war böse, sehr böse und stieß sie mit den Füßen zurück und schrie: „Nur mich allein soll man herausziehen und nicht euch, es ist mein Zwiebelchen und nicht eures." Wie sie aber das ausgesprochen hatte, riß das kleine Pflänzchen entzwei. Und das Weib fiel in den Feuersee zurück und brennt dort noch bis auf den heutigen Tag. Der Engel weinte und ging davon.

Fjodor M. Dostojewski

Drei Freunde

Ein Mann hatte drei Freunde. Zwei derselben liebte er sehr; der dritte war ihm gleichgültig, ob dieser es gleich am redlichsten mit ihm meinte. Einst ward er vor Gericht gefordert, wo er hart, aber unschuldig verklagt war. „Wer unter euch", so sprach er, „will mit mir gehen und für mich zeugen? Denn ich bin hart verklagt worden, und der König zürnt."
Der erste seiner Freunde entschuldigte sich sogleich, daß er wegen anderer Geschäfte nicht mit ihm gehen könne.
Der zweite begleitete ihn bis zur Tür des Rathauses; da wandte er sich und ging zurück, aus Furcht vor dem zornigen Richter.

Der dritte, auf den er am wenigsten gebaut hatte, ging hinein, redete für ihn und zeugte von seiner Unschuld so freudig, daß der Richter ihn losließ und reichlich beschenkte.

Drei Freunde hat der Mensch in der Welt. Wie betragen sie sich in der Stunde des Todes, wenn ihn Gott vor Gericht fordert?

Das Geld, sein bester Freund, verläßt ihn zuerst und geht nicht mit ihm.

Seine Verwandten und Freunde begleiten ihn bis zur Tür des Grabes und kehren wieder in ihre Häuser zurück.

Der dritte, den er im Leben oft am meisten vergaß, sind seine wohltätigen Werke. Sie allein begleiten ihn bis zum Throne des Richters; sie gehen voran, sprechen für ihn und finden Barmherzigkeit und Gnade.

Johann Gottfried Herder

„Lesen Sie, Majestät!"

Katharina Jagello war die Gemahlin des finnischen Herzogs Johann Wasa. Als ihr Mann wegen Hochverrates zu lebenslänglichem Kerker verurteilt wurde, bat sie den schwedischen König Erich, mit ihrem Gemahl die Gefangenschaft teilen zu dürfen. Der König war ganz

entsetzt darüber und suchte sie davon abzubringen.
„Wissen Sie nicht, daß Ihr Mann das Tageslicht nicht mehr sehen wird?"
„Das weiß ich, Majestät!"
„Und wissen Sie auch, daß er nicht mehr als Herzog behandelt wird, sondern als Hochverräter?"
„Das weiß ich, Majestät! Doch gleichviel, ob er frei oder gefangen, ob er schuldig oder unschuldig ist, er bleibt trotzdem mein Gemahl."
„Aber nach all dem bindet Sie nichts mehr an ihn. Sie sind nach all dem jetzt wieder frei!"
Katharina sagte darauf kein Wort. Sie zog nur ihren Ehering vom Finger und reichte ihn dem König mit den Worten: „Lesen Sie, Majestät!"
Auf dem Ehering standen nur die zwei Worte: „Mors sola – Der Tod allein!"
Und Katharina ging mit ihrem Gemahl ins Gefängnis und teilte siebzehn Jahre die Leiden und Entbehrungen der Gefangenschaft mit ihm, bis König Erich starb und ihr Gemahl wieder frei wurde.

Unbekannter Verfasser

Das verwandelte Reiskorn

Ich ging als Bettler von Tür zu Tür die Dorfstraße entlang. Da erschien in der Ferne dein goldener Wagen wie ein schimmernder Traum, und ich fragte mich, wer dieser König der Könige sei. Hoffnung stieg in mir auf: Die schlimmen Tage schienen vorüber; ich erwartete Almosen, um die man nicht bitten mußte, und Reichtümer, die in den Sand gestreut wurden.
Der Wagen hielt an, wo ich stand. Da fiel dein Blick auf mich, und mit einem Lächeln stiegst du aus. Endlich fühlte ich mein Lebensglück gekommen. Dann strecktest du plötzlich die rechte Hand aus und sagtest: „Was hast du mir zu schenken?" Welch königlicher Scherz war das, bei einem Bettler zu betteln! Ich war verlegen, stand unentschlossen da, nahm schließlich aus meinem Beutel ein winziges Reiskorn und gab es dir. Doch wie groß war mein Erstaunen, als ich am Abend meinen Beutel umdrehte und zwischen dem wertlosen Plunder das kleine Korn wiederfand – zu Gold verwandelt. Da habe ich bitterlich geweint, es tat mir leid, daß ich nicht den Mut gefunden hatte, dir mein alles zu geben.

Nach Rabindranath Tagore

„Ist mein Geld nicht gut genug?"

Ein reicher Mann dachte auch im Sterben nur an das, woran er sein Leben lang gedacht hatte: an sein Geld. Mit letzter Kraft löste er den Schlüssel vom Band, das er am Hals trug, winkte der Magd, deutete auf die Truhe neben seinem Lager und befahl, ihm den großen Beutel Geld in den Sarg zu legen.
Im Himmel sah er dann einen langen Tisch, auf dem die feinsten Speisen standen. „Sag, was kostet das Lachsbrot?" fragte er. „Eine Kopeke", wurde ihm geantwortet. „Und die Sardine?" – „Gleich viel." – „Und die Pastete?" – „Alles eine Kopeke." Er schmunzelte, billig, dachte er, herrlich billig!
Und er wählte sich eine ganze Platte aus. Aber als er mit einem Goldstück bezahlen wollte, nahm der Verkäufer die Münze nicht. „Alter", sagte er und schüttelte bedauernd den Kopf, „du hast wenig im Leben gelernt!" – „Was soll das?" murrte der Alte. „Ist mein Geld nicht gut genug?"
Da hörte er die Antwort: „Wir nehmen hier nur das Geld, das einer verschenkt hat!"

Russische Legende

Die drei Fragen des Königs

Ein König kam einmal auf den Gedanken, daß man niemals einen Fehlschlag erleiden könnte, wenn man drei Dinge im voraus wüßte: Wann man eine Angelegenheit beginnen müsse; mit welchen Menschen man sich abzugeben habe und mit welchen nicht; und schließlich, welche der Aufgaben, die sich einem stellen, die allerdringlichste wäre.

Lange grübelte der König darüber nach. Er fand aber keine Antwort. Da ließ er im ganzen Land verkünden, daß er denjenigen königlich belohnen wolle, der ihn über diese drei Dinge belehren würde.

Von überallher kamen gelehrte Leute und gaben dem König die verschiedensten Ratschläge:

Die einen meinten, um den richtigen Zeitpunkt für die Inangriffnahme einer bestimmten Angelegenheit zu finden, müsse man sich einen genauen Plan von Tag zu Tag, von Woche zu Woche, von Monat zu Monat und von Jahr zu Jahr machen und sich dann streng daran halten.

Andere sagten, daß es nicht möglich sei, schon im voraus zu wissen, welche Aufgabe zu welcher Zeit zu lösen sei. Man müsse eben stets auf den Gang der Dinge achten, um dann im gegebenen Augenblick das zu tun, was sich als das Notwendigste erweise.

Wieder andere betonten, daß kein Mensch in der Lage wäre, allein die richtige Entscheidung zur rechten Zeit zu treffen. Man solle sich deshalb mit weisen Männern umgeben, die einen guten Rat erteilen könnten.

Und wieder andere meinten, daß es Dinge gebe, die keinen Aufschub zuließen. In solchen Fällen habe man sofort und allein eine Entscheidung zu treffen. Um aber zu wissen, wie man dann zu handeln habe, müsse man voraussehen können, was geschehen würde. Dazu aber wären, ihrer Meinung nach, nur Zauberer oder Wahrsager fähig.

Ebenso unterschiedlich waren auch die Antworten auf die zweite und auf die dritte Frage.

Der König war so klug wie zuvor. Keiner von den Antwortenden stellte ihn zufrieden. Deshalb gewährte er auch niemandem die von ihm in Aussicht gestellte Belohnung.

Schließlich suchte der König einen Einsiedler auf, der im Walde hauste. Er ging als einfacher Mann verkleidet zu ihm. Lange vor der Einsiedelei ließ er seine königliche Begleitung zurück. Als der König bei dem weisen Einsiedler anlangte, war dieser gerade mit dem Umgraben seiner Gartenbeete beschäftigt. Die Arbeit strengte ihn an, weil er alt und gebrechlich war. Da sagte der König zu ihm: „Ich bin zu dir gekommen, weiser Einsiedler, um dich zu bitten, mir auf

drei Fragen zu antworten. Ich möchte nämlich von dir erfahren, welche Zeit man für jedes Unternehmen zu wählen hat, um den richtigen Augenblick nicht zu versäumen; welche Menschen die wichtigsten sind und mit welchen man sich deshalb vornehmlich abgeben sollte; endlich, welche Aufgaben die dringlichsten sind und deshalb zuerst gelöst werden müssen."
Schweigend hörte der Einsiedler dem König zu, jedoch er antwortete ihm nicht. Da griff der König zum Spaten und sagte: „Du bist müde, ich werde jetzt für dich arbeiten."
Nachdem der König zwei Beete umgegraben hatte, legte er den Spaten beiseite und wiederholte seine Fragen. Aber wiederum schwieg der Einsiedler.
Und wieder nahm der König den Spaten in die Hand und grub die Erde im Garten um. Es verging eine Stunde und dann eine zweite. Die Sonne verschwand bereits hinter den Bäumen. Da steckte der König den Spaten in die Erde und sagte: „Ich bin zu dir gekommen, weiser Mann, um Antwort auf meine Fragen zu erhalten. Wenn du sie mir nicht geben kannst, so sag es mir, und ich werde wieder nach Hause gehen."
In diesem Augenblick kam aus dem nahen Wald ein bärtiger Mann gerannt. Er hielt sich mit beiden Händen den Leib. Unter seinen Händen quoll Blut hervor. Als der Mann den König er-

reichte, brach er zusammen und blieb auf der Erde liegen.

Der König und der Einsiedler bemühten sich um den Verletzten. Sie sahen, daß er eine tiefe Wunde am Leib hatte. Die beiden stillten das rinnende Blut und verbanden den Verwundeten. Da erwachte der Mann aus seiner Ohnmacht. Der König aber, müde von der Pflege des Verwundeten, sank in einen so tiefen Schlaf, daß er während der kurzen Sommernacht kein einziges Mal aufwachte. Als er am Morgen zu sich kam, konnte er sich lange Zeit nicht besinnen, wo er eigentlich war; auch nicht, wer dieser seltsame Mensch sei, der auf dem Bett lag und ihn durchdringend ansah.

„Verzeih mir", sagte der Verwundete. „Du kennst mich nicht, aber ich kenne dich. Ich bin dein Feind, der geschworen hatte, sich an dir zu rächen, weil du meinen Bruder hinrichten ließest und mir mein Vermögen raubtest. Ich wußte, daß du allein auf dem Weg zum Einsiedler warst, und beschloß, dich auf dem Rückweg zu töten. Doch ich wartete einen ganzen Tag lang, und du kehrtest noch immer nicht zurück. So verließ ich mein Versteck, um zu erfahren, wo du geblieben seist. Ich stieß dabei auf deine Leibwache. Sie erkannte mich und fügte mir die Wunde zu. Es gelang mir jedoch, zu entfliehen. Ich wäre verblutet, wenn du nicht meine Wun-

den verbunden hättest. Ich wollte dich töten, und du hast mir das Leben gerettet. Sollte ich am Leben bleiben, so werde ich dein treuester Knecht sein. Ich werde dir dienen und auch meinen Söhnen befehlen, das gleiche zu tun. Verzeih mir, König!"
Der König war sehr froh, daß es ihm gelungen war, auf eine so leichte Weise seinen Feind zu versöhnen. Er verzieh ihm nicht nur, sondern versprach, ihm das eingezogene Vermögen zurückzuerstatten und ihm außerdem seinen eigenen Arzt und seine Diener zu schicken.
Nachdem der König sich von dem Verwundeten verabschiedet hatte, verließ er die Klause und blickte sich nach dem Einsiedler um, der wieder draußen im Garten an den Beeten arbeitete.
„Ich bitte dich zum letztenmal, weiser Mann, mir auf meine Fragen zu antworten!"
„Du hast ja bereits Antwort darauf erhalten", sprach der Einsiedler.
„Auf welche Weise denn?" fragte ihn der König.
Der Einsiedler antwortete: „Hättest du dich gestern nicht meiner Schwäche erbarmt und nicht statt meiner die Beete umgegraben, dann hättest du dich allein zu deiner Leibwache zurückbegeben. Und dieser Mensch hätte dich überfallen. Somit war für dich der rechte Augenblick gekommen, als du an meiner Stelle das Umgraben der Beete besorgtest, und ich war für dich in

diesem Augenblick der wichtigste Mensch, und deine dringlichste Tat war, für mich Gutes zu tun. Und als jener zu uns gelaufen kam, war es gerade die rechte Zeit, seine Wunde zu verbinden. Hättest du ihm die Wunde nicht verbunden, so wäre er gestorben, ohne sich mit dir ausgesöhnt zu haben. Also war er in jenem Augenblick für dich der wichtigste Mensch. Und das, was du für ihn getan hast, war dein dringlichstes Geschäft!

Merke dir also, daß der wichtigste Zeitpunkt stets der ist, der dir im gegenwärtigen Augenblick geschenkt wird. Der allerwichtigste Mensch aber ist immer der, mit dem du gerade zu tun hast. Und die wichtigste Handlung ist stets die, Gutes zu tun und die Menschen zu lieben."

Nach Leo Tolstoi

Die Seele in die Sonne halten

Was ist das Leben?

An einem schönen Sommertag um die Mittagszeit war große Stille am Waldrand. Die Vögel hatten ihre Köpfe unter die Flügel gesteckt, und alles ruhte.
Da streckte der vorwitzige Buchfink seinen kleinen Kopf hervor und fragte: „Was ist eigentlich das Leben?"
Alle waren betroffen über diese schwierige Frage. Im großen Bogen flog der Buchfink über die weite Wiese und kehrte zu seinem Ast im Schatten des Baumes zurück.
Die Heckenrose entfaltete gerade ihre Knospe und schob behutsam ein Blatt ums andere heraus. Sie sprach: „Das Leben ist eine Entwicklung."
Weniger tief veranlagt war der Schmetterling. Er flog von einer Blume zur anderen, naschte da und dort und sagte: „Das Leben ist lauter Freude und Sonnenschein."
Drunten im Gras mühte sich eine Ameise mit einem Strohhalm, zehnmal länger als sie selbst, und sagte: „Das Leben ist nichts anderes als Mühsal und Arbeit."
Geschäftig kam eine Biene von einer honighaltigen Blume auf der Wiese zurück und meinte dazu: „Nein, das Leben ist ein Wechsel von Arbeit und Vergnügen."

Wo so weise Reden geführt wurden, steckte auch der Maulwurf seinen Kopf aus der Erde und brummte: „Das Leben? Es ist ein Kampf im Dunkeln."

Nun hätte es tatsächlich fast einen Streit gegeben, wenn nicht ein feiner Regen eingesetzt hätte, der sagte: „Das Leben besteht aus Tränen, nichts als Tränen." Dann zog er weiter zum Meer.

Dort brandeten die Wogen und warfen sich mit aller Gewalt gegen die Felsen und stöhnten: „Das Leben ist ein stets vergebliches Ringen nach Freiheit."

Hoch über ihnen zog majestätisch der Adler seine Kreise. Er frohlockte: „Das Leben, das Leben ist ein Streben nach oben."

Nicht weit vom Ufer entfernt stand eine Weide. Sie hatte der Sturm schon zur Seite gebogen. Sie sagte: „Das Leben ist ein Sichneigen unter eine höhere Macht."

Dann kam die dunkle Nacht. Mit lautlosen Flügelschlägen glitt der Uhu über die Wiese dem Wald zu und krächzte: „Das Leben heißt: die Gelegenheit dann nützen, wenn andere schlafen."

Und schließlich wurde es still in Wald und Wiese. Nach einer Weile kam ein junger Mann des Wegs. Er setzte sich müde ins Gras, streckte dann alle viere von sich und meinte erschöpft

vom vielen Tanzen und Trinken: „Das Leben ist das ständige Suchen nach Glück und eine lange Kette von Enttäuschungen."
Auf einmal stand die Morgenröte in ihrer vollen Pracht auf und sprach: „Wie ich, die Morgenröte, der Beginn des neuen Tages bin, so ist das Leben der Anbruch der Ewigkeit!"

Aus Schweden

Wo der Himmel beginnt

Zwei Mönche lebten schon viele Jahre gemeinsam in einem Kloster. Oft lasen sie in einem alten Buch. Darin war vermerkt, daß es am Ende der Welt einen Ort gebe, an dem der Himmel und die Erde sich berührten.
Die zwei Mönche beschlossen, diesen Ort zu suchen und so lange unterwegs zu bleiben, bis sie ihn gefunden hätten. So zogen sie aus und durchwanderten die Welt. Dabei bestanden sie unzählige Gefahren und mußten all die Entbehrungen erleiden, die eine solche Wanderung durch die Welt mit sich bringt. Sie mußten auch viele Versuchungen bestehen, die einen Menschen von solchem Vorhaben und Ziel abbringen wollen.
An jenem Ort, so hatten die Mönche gelesen,

sei eine Tür. Man müsse an ihr klopfen. Hinter der Türe befinde sich das Paradies; dann sei man bei Gott.

Die zwei Mönche fanden schließlich, was sie suchten. Sie klopften demütig an die Tür, diese öffnete sich. Und als sie eintraten und die Pforte durchschritten hatten, siehe da: Da waren sie wieder in ihrem Kloster und in ihrer Klosterzelle.

Da begriffen die beiden: Der Ort, an dem Himmel und Erde sich berühren, ist immer der Ort, den Gott uns Menschen auf dieser Welt zugewiesen hat.

Nach einer alten Legende

Die zwei Möglichkeiten

Ein Rabbi bat einmal Gott, den Himmel und die Hölle sehen zu dürfen. Gott erlaubte es ihm und gab ihm den Propheten Elia als Begleiter mit.
Elia führte den Rabbi zuerst in einen großen Raum, in dessen Mitte auf einem Feuer ein Topf mit einem köstlichen Gericht stand. Leute saßen darum herum – mit langen Löffeln; sie alle schöpften aus dem Topf. Aber die Leute sahen blaß, mager und sehr elend aus. Denn die Stiele ihrer Löffel waren viel zu lang, so daß sie das

herrliche Essen nicht zum Mund bringen konnten.
Als die beiden Besucher sich aus diesem Raum entfernt hatten, fragte der Rabbi den Propheten: „Elia, sag, an welch seltsamem Ort waren wir gerade?"
Der Prophet antwortete: „Das war die Hölle!"
Darauf führte Elia den Rabbi in einen zweiten Raum. Dieser sah genauso aus wie der erste. In der Mitte des Raumes brannte wieder ein Feuer, und darauf kochte ein köstliches Essen. Und wiederum saßen Leute ringsum mit langen Löffeln in der Hand. Alle waren gut genährt, gesund und glücklich. Sie versuchten nicht, sich selbst das Essen zuzuführen. Sie benutzten vielmehr die langen Löffel, um sich gegenseitig zu essen zu geben.
Dieser Raum war der Himmel.

Rabbinische Geschichte

Die Seele in die Sonne halten

Dem Missionar einer Buschkirche in Neuguinea fiel ein Mann auf, der immer nach der Sonntagsmesse noch lange Zeit in der Kapelle auf dem Balken knien blieb, den man dort anstelle eines Knieschemels gebrauchte. Er konnte nicht

lesen; er schaute nur mit auf der Brust gekreuzten Armen zum Altar, der jetzt abgeräumt und leer war.
Einmal nahm sich der Missionar ein Herz und fragte den Kanaken, was er denn da die ganze Zeit tue. Der antwortete lächelnd: „Ich halte meine Seele in die Sonne."

Überliefert

Dürsten nach Gott

Wie kann man einen Esel, der keinen Durst hat, trotzdem zum Trinken bewegen? Und wie kann man – bei allem Respekt – einen Menschen dazu bringen, nach Gott zu dürsten, wenn er diesen Durst verloren hat und er sich mit Bier und Schnaps, Fernsehen und Autofahren zufriedengibt?
Soll man es mit dem Stock versuchen? Ein Esel ist aus härterem Holz als unser Stock. Außerdem, wer wird heutzutage zu einer solch autoritären Maßnahme greifen!
Soll man ihm Salz zu schlucken geben? Das wäre Tierquälerei.
Wie ihn dann dazu bewegen, freiwillig zu trinken? Es scheint nur eine Lösung zu geben: Man muß einen durstigen Esel herbeischaffen, der

ausgiebig, mit großem Genuß und Behagen an der Seite seines Artgenossen aus dem Eimer trinkt. Aber ohne jedes Theater, einfach weil er Durst hat, einen großen unstillbaren Durst. Das wird seinen Kollegen nicht unbeeindruckt lassen. Die Lust wird ihn ankommen, sich zum Eimer zu neigen und in tiefem Zug das erfrischende Wasser zu schlürfen.

Menschen, die Hunger und Durst nach Gott haben, sind für ihre Mitmenschen eine bessere Predigt als viele erbauliche Reden.

Nach einer alten Geschichte

„Ich werde dich immer lieben"

Zur Zeit der spanischen Inquisition gelang es einem Juden, mit seiner Frau und seinen zwei Kindern vor seinen Verfolgern zu entfliehen. Er mußte Haus und Hof, Hab und Gut zurücklassen. Nur seine Familie und ein paar Habseligkeiten konnte er auf ein Boot retten. In großer Hast setzte er die Segel und fuhr davon, dankbar, daß er wenigstens seine Lieben und sich gerettet hatte.

Kaum aber hatte er die offene See erreicht, zog ein schweres Gewitter am Himmel auf. Das Meer wurde unruhig. Die Wogen wuchsen zu

Bergen und zu Tälern an. Brecher schlugen gegen das Boot. Sie rissen seine beiden Kinder über Bord und verschlangen ihr junges Leben in der dunklen Tiefe. Blitze zuckten über den Himmel und erhellten grell die Finsternis. Mit furchtbarem Getöse schlug ein Blitz in das Boot und erschlug des Juden Frau.

Er war allein. Kein Mensch um ihn. Keine Hilfe in Aussicht. Selbst Gott schien ihn, den Geschlagenen, verlassen zu haben. Als nach Stunden der Todesnot sich das Gewitter verzogen und die Wellen sich wieder geglättet hatten, betete der Jude zu seinem Gott:

„Gott Israels – ich bin geflohen, um dir ungestört dienen zu können, um deine Gebote zu erfüllen und deinen Namen zu heiligen. Du aber hast alles getan, damit ich nicht an dich glaube. Willst du mich wirklich von meinem Weg abbringen? Ich sage dir, mein Gott und Gott meiner Väter: Es wird dir nicht gelingen! Du kannst mich schlagen, mir das Beste und Teuerste nehmen, das ich auf dieser Welt habe. Du kannst mich zu Tode peinigen. Ich werde dennoch an dich glauben. Ich werde dich immer lieben – dir selbst zum Trotz."

Rabbinische Geschichte

Die ganze Wahrheit

Ein indischer Fürst ließ alle Blindgeborenen seines Landes zusammenführen. Er wollte ihnen an einem Beispiel zeigen, wie ein Elefant aussieht.

Da standen nun die Blindgeborenen von Savatthi um den Elefanten herum. Sie betasteten ihn, ein jeder, wo er gerade stand.

Dann fragte der König die Blindgeborenen: „Habt ihr nun erkannt, was ein Elefant ist?"
„Ja", sagten sie.

Und der König fragte weiter: „Dann sagt mir, wie ist denn ein Elefant?"

Da sagten die einen: „Der Elefant ist wie ein Tragkessel." So sprachen die, welche seinen Kopf betastet hatten.

„Der Elefant ist wie eine Schaufel." So sagten die, die das Ohr des Elefanten berührt hatten.

„Der Elefant ist wie eine Pflugschar." So sagten die, die seinen Zahn befühlt hatten.

„Der Elefant ist wie eine Stange am Pflug." So sagten die, die seinen Rüssel angefaßt hatten.

„Der Elefant ist wie ein Pfeiler." So sagten die, welche sein Bein betastet hatten.

„Der Elefant ist wie eine Keule." So sagten die, die seinen Schwanz ergriffen hatten.

„Der Elefant ist wie ein Besen." So sagten die, welche das Schwanzende erwischt hatten.

Die Blinden gerieten über ihre Aussagen in Streit, denn jeder meinte recht zu haben, weil er nur der eigenen Erfahrung traute.

Indisches Gleichnis

„Wenn ich bete, dann bete ich"

Ein ganz auf das innere Leben ausgerichteter Mönch wurde gefragt, warum er trotz seiner vielen Aufgaben immer so gesammelt sein könne: „Wie gestaltest du denn dein Leben, daß du so bist, wie du bist, so gelassen und so in dir ruhend?"

Der Mönch sprach: „Wenn ich stehe, dann stehe ich; wenn ich gehe, dann gehe ich; wenn ich sitze, dann sitze ich; wenn ich schlafe, dann schlafe ich; wenn ich esse, dann esse ich; wenn ich trinke, dann trinke ich; wenn ich schweige, dann schweige ich; wenn ich schaue, dann schaue ich; wenn ich lese, dann lese ich; wenn ich arbeite, dann arbeite ich; wenn ich bete, dann bete ich ... "

Da fielen ihm die Fragesteller ins Wort: „Das tun wir doch auch. Aber was machst du noch, was ist das Geheimnis deines Menschseins?"

Der Mönch antwortete den Fragenden wiederum: „Wenn ich stehe, dann stehe ich; wenn ich

gehe, dann gehe ich; wenn ich sitze, dann sitze ich; wenn ich schlafe, dann schlafe ich; wenn ich esse, dann esse ich; wenn ich trinke, dann trinke ich; wenn ich spreche, dann spreche ich; wenn ich schweige, dann schweige ich; wenn ich schaue, dann schaue ich; wenn ich höre, dann höre ich; wenn ich lese, dann lese ich; wenn ich arbeite, dann arbeite ich; wenn ich bete, dann bete ich ..."
Da sagten die Neugierigen: „Das wissen wir jetzt. Das tun wir alles auch!"
Der Mönch aber sprach zu ihnen: „Nein, eben das tut ihr nicht: Wenn ihr steht, dann lauft ihr schon; wenn ihr geht, seid ihr schon angekommen; wenn ihr sitzt, dann strebt ihr schon weiter; wenn ihr schlaft, dann seid ihr schon beim Erwachen; wenn ihr eßt, dann seid ihr schon fertig; wenn ihr trinkt, dann kostet ihr nicht genug; wenn ihr sprecht, dann antwortet ihr schon auf Einwände; wenn ihr schweigt, dann seid ihr nicht gesammelt genug; wenn ihr schaut, dann vergleicht ihr alles mit allem; wenn ihr hört, überlegt ihr euch schon wieder Fragen; wenn ihr lest, wollt ihr andauernd wissen; wenn ihr arbeitet, dann sorgt ihr euch ängstlich; wenn ihr betet, dann seid ihr von Gott weit weg ... "

Überlieferte Geschichte

Der Ire im Himmel

Einmal starb ein Ire ganz unverhofft. Nun stand er vor Christus. Der mußte entscheiden, ob der Ire in den Himmel kommt oder nicht.

Eine ganze Reihe Leute, große und kleine, waren vor dem Iren an der Reihe. Er bekam genau mit, was die einzelnen vorzuweisen hatten und wie Jesus entschied.

Jesus schlug in einem dicken Buch nach und sagte zu dem ersten: „Da steht: Ich hatte Hunger, und du hast mir zu essen gegeben. Bravo, ab in den Himmel!"

Zum zweiten sagte er: „Ich hatte Durst, und du hast mir zu trinken gegeben!" – und zum dritten: „Ich war krank, und du hast mich besucht! Bravo, ab in den Himmel, ihr beiden!"

Dann kam ein achtjähriger Junge. Zu dem sagte er: „Hier steht: Keiner wollte etwas mit mir zu tun haben. Du aber hast mich zum Mitspielen eingeladen. Bravo, ab in den Himmel!" Und zu einem zehnjährigen Mädchen sagte Jesus: „Hier steht: Alle haben mich beschimpft, du aber hast mich verteidigt! Bravo, ab in den Himmel!"

Bei jedem, der so in den Himmel befördert wurde, machte der Ire Gewissenserforschung, und jedesmal kam ihm das Zittern. Er hatte keinem etwas zu essen gegeben oder zu trinken, und Kranke hatte er nicht besucht und Schwache

nicht verteidigt. Wie würde es ihm ergehen, wenn er vor Jesus, dem König, stehen würde? Und dann war er auch schon an der Reihe. Er blickte auf Jesus, der in seinem Buch nachschlug, und zitterte vor Angst. Dann blickte Jesus auf. „Da steht nicht viel geschrieben", sagte er, „aber etwas hast du auch getan (und der Ire meinte zu beobachten, daß Jesus dabei schmunzelte!). Hier steht: Ich war traurig, enttäuscht, niedergeschlagen – und du bist gekommen und hast mir Witze erzählt. Du hast mich zum Lachen gebracht und mir Mut gegeben. Ab in den Himmel!"
Und der Ire machte einen Freudensprung durchs Himmelstor.

Aus Irland

Jetzt erkenne ich Gott

Einst lebte in einem fernen Land ein König, den am Ende seines Lebens die Schwermut befallen hatte. Er sprach zu seinem Hofstaat: „Alles, was ein Sterblicher sehen und erleben, haben und genießen konnte, ward mir zuteil. Nur Gott habe ich nicht erkannt. Bringt mir deshalb die Weisen und Priester meines Landes herbei! Sie sollen mir Gott nahebringen!"

Nach Ablauf der gesetzten Frist von drei Tagen kamen die Geladenen auf dem Schloß des Königs zusammen. Aber der Mund der Weisen und Priester blieb stumm.

Da kam ein Hirte vom Feld, der vom Ansinnen des Königs gehört hatte. Er sprach: „O König, gestatte mir, daß ich deinen Wunsch erfülle."

„Gut", entgegnete der König, „aber bedenke, daß es um deinen Kopf und Kragen geht."

Der Hirt führte den König auf einen freien Platz und zeigte auf die Sonne. „Da schau hinein", sprach er.

Der König erhob sein Haupt und wollte in die Sonne blicken. Aber der Glanz blendete seine Augen, daß sie tränten. „Willst du, daß ich mein Augenlicht verliere?" sprach er zu dem Hirten.

„Aber mein König, das ist doch nur ein kleiner Abglanz der Größe Gottes, ein Fünkchen seines strahlenden Feuers. Wie willst du dann mit deinen schwachen Augen Gott schauen? Suche ihn doch mit anderen Augen!"

Die Antwort gefiel dem König. Er sprach zum Hirten: „Ich erkenne deinen Geist und bewundere die Größe deiner Seele. Beantworte mir noch eine Frage: Was war vor Gott?"

Der Hirte überlegte, dann sprach er: „Zürne mir nicht wegen meiner Bitte, aber beginn einmal zu zählen!"

Der König begann: „Eins, zwei ..."
„Nein", unterbrach ihn der Hirte, „nicht so. Beginn mit dem, was vor eins kommt."
„Wie kann ich das? Vor eins gibt es doch nichts."
„Sehr weise gesprochen, Herr! Auch vor Gott gibt es nichts."
Diese Antwort gefiel dem König noch weit besser als die vorausgegangene.
„Beantworte mir noch eine dritte Frage: Was macht Gott?"
Der Hirte bemerkte, daß das Herz des Königs weich geworden war. „Gut", entgegnete er, „auch diese Frage will ich beantworten. Nur um eines bitte ich dich, laß uns für eine Weile die Kleider tauschen."
Der König legte die Zeichen seiner Würde ab und kleidete damit den Hirten; sich selbst aber zog er den unscheinbaren Rock an und hängte sich die Hirtentasche um.
Der Hirte setzte sich auf den Thron des Königs, ergriff das Zepter und wies damit auf den Herrscher, der mit seiner Hirtentasche vor den Stufen des Thrones stand: „Siehst du, das macht Gott: Die einen erhöht er, die anderen erniedrigt er."
Dann zog der Hirte wieder seine eigenen Kleider an. Der König aber stand betroffen da. Das letzte Wort dieses schlichten Mannes beschäf-

tigte ihn. Und plötzlich sprach er unter sichtbaren Zeichen der Freude: „Jetzt erkenne ich Gott!"

Nach Leo Tolstoi

Wo wohnt Gott?

Rabbi M. war zu Gast bei gelehrten Männern. Er überraschte sie mit der Frage: „Wo wohnt Gott?"
Sie lachten über ihn: „Was redet Ihr! Ist doch die Welt seiner Herrlichkeit voll!"
Er aber beantwortete seine eigene Frage: „Gott wohnt, wo man ihn einläßt."

Nach Martin Buber

Wo wir ihn finden können

Zu Rabbi Josua kam ein Heide. Er hatte viele Fragen an den Meister und wollte von ihm vieles wissen. „Sag, Rabbi, warum sprach Gott aus einem Dornbusch, um mit Mose zu reden?"
Rabbi Josua antwortete: „Hätte Gott einen Ginsterstrauch oder einen Johannisbrotbaum oder einen Maulbeerbaum gewählt, so würdest du

mir wohl die gleiche Frage gestellt haben. Aber ich will dich nicht ohne Antwort lassen: Gott hat gewiß den ärmlichen und kleinen Dornbusch gewählt, um uns zu belehren, daß er überall auf der Erde anwesend ist, selbst in einem Dornbusch."

Rabbinische Geschichte

Der Tänzer Unserer Lieben Frau

Es war einmal ein Gaukler, der tanzend und singend von Ort zu Ort zog, bis er der ewigen Wanderfahrt und aller Welt müde wurde. Da verschenkte er seine wenige Habe und trat in das Kloster zu Clairvaux ein. Der neue Laienbruder war schön und stattlich von Gestalt, doch die Bräuche und Sitten des Klosters kannte er gar nicht.

Er hatte ja seine ganze Zeit mit Springen, Tanzen, Radschlagen und Späßen verbracht. Nie war ein Mensch auf den Gedanken gekommen, ihn das Vaterunser, das Ave-Maria oder das Credo zu lehren. Daher staunte er voll Demut alles im Kloster an.

Er sah, wie die Brüder das fromme Schweigen hielten. Er sah, wie die Gelehrten in den Studierstuben saßen und wundervolle Bücher schrie-

ben. Er sah, wie jeder auf seine Weise dem Herrn diente, wie die Priester am Altar ihr heiliges Amt vollzogen, wie die Diakone das heilige Evangelium verkündeten, wie die Klosterschüler im Chor den Psalter sangen und wie selbst der kleinste von ihnen ohne Zaudern das Vaterunser aufsagen konnte.
Da stand er beschämt. Er dachte bei sich: „Ach, ich allein kann das alles nicht!"
Oft stand er auch lauschend vor den Zellen und hörte die Klagen und Wehrufe von drinnen, mit denen die Mönche Gott wegen ihrer Schuld um Gnade anflehten. Und wieder sprach er zu sich: „Ach, was tue ich denn hier? Ich kann nichts, als müßig herumstehen und gaffen. Nicht einmal des Brotes bin ich wert, das man mir gibt. Wenn die anderen das alles bemerken, werden sie mich mit Schande fortjagen, weil ich zu gar nichts nütze bin."
In seinem Kummer flüchtete er aus des Tages Licht in eine unterirdische Kapelle, wo zwischen Kerzen das Bild der lieben Gottesmutter stand. Dort verkroch er sich sorgenvoll in einen Winkel. Plötzlich klang tief und voll die Münsterglocke, welche die Brüder zum Gottesdienst rief. Er hob das Haupt und sprang auf: „Soll ich hier liegen, während die anderen wetteifern, unseren Herrn zu loben? Was soll ich noch hier? Bin nicht auch ich in mancherlei Künsten erfah-

ren? Nach Kräften dient ein jeder Gott. So will auch ich tun, was ich kann. Ich will der Gottesmutter hier eine Freude machen."
Und rasch warf er die lange Kutte beiseite. Er stand nur noch mit dem Untergewand bekleidet da. Dann trat er demutsvoll vor das Bild der Gottesmutter Maria und sprach: „Dir, o meine Königin, befehle ich meine Seele und meinen Leib. Zu dir komme ich voll Vertrauen. Nimm mein kindliches Spiel an. Verschmäh nicht meine Verehrung und meine Liebe zu dir!"
Und während droben im Münster die Hymnen erklangen, begann er zu tanzen vor dem Bild der Lieben Frau. Vorwärts und rückwärts schlug er seine Räder. Er ging auf den Händen durch die Marienkapelle und überschlug sich in der Luft. Viele Arten von Figuren sprang er mit kunstgerechtem Schwung. Und nach jedem Tanz verneigte er sich vor dem Bild der Schönen Frau. „Das tu ich nur für dich, Maria, daß sich dein Auge daran erfreue, da du die ganze Welt erfreust – weil du Jesus für uns geboren hast."
Und wiederum hob er an, die Hand auf die Stirne gelegt, mit kleinen Schritten zierlich in der Runde zu gehen; dabei weinte der ehemalige Gaukler und betete: „Liebe Frau, dir singe ich Ehre und Preis mit Herz und Leib, mit meinen Händen und Füßen. Droben im hohen Dom singen die Mönche Lobeshymnen Gott zu Ehren.

Mich aber laß dein treuer Tänzer sein! Erbitte mir im himmlischen Palast eine kleine Wohnung, denn dein bin ich ganz und gar."
Solange der Gesang von droben erklang, tanzte der Bruder Gaukler ohne Pause, bis ihm der Atem verging und die Glieder den Dienst versagten. In Ohnmacht sank er taumelnd zu den Füßen der Himmelskönigin nieder. Und siehe da: Die Liebe Frau neigte sich mit gütigem Lächeln hernieder und fächelte ihm Frische mit ihrem Tüchlein zu, während sie ihm mit ihrer milden Hand das Feuer seiner Schläfen kühlte.
Ein Mönch hatte von draußen alles mitangesehen und heimlich den Abt herbeigeholt. Dieser ließ am anderen Tag den Laienbruder vor sich laden. Der Arme erschrak zu Tode, denn er glaubte, er solle wegen seines Müßigganges aus dem Kloster vertrieben werden. Er fiel also voll Zagen vor dem Abt auf die Knie und sprach: „Hochwürdigster Herr, ich weiß, ich kann bei Euch nicht bleiben. Ich will tun, was Ihr befehlt: Ich will wieder hinaus ins Elend gehen."
Der Abt jedoch neigte sich ihm voll Güte zu, küßte ihn und bat ihn, zu Gott für ihn und alle Brüder zu beten, damit sie einst von seinen Gnaden erben möchten.
Da ward der Bruder Gaukler vor Freude krank und kam zum Sterben. Und als sein letztes Stündlein gekommen war, trugen der Engel

Scharen den Tänzer Unserer Lieben Frau zum allerhöchsten Sternenzelt.

Nach einer französischen Legende

Die fehlende Spur

Ich ging am Ufer des Meeres entlang. In der Einsamkeit und Ruhe des Strandes schaute ich auf mein ganzes Leben zurück, auf Tage in reiner Weltlichkeit und auf Ereignisse, in denen der Herr mir nahe war.
Unwillkürlich wandte ich mich um, um nach den Fußspuren zu suchen, die mir die Anwesenheit des Herrn zeigen sollten.
Da bemerkte ich, daß auf meinem Lebenspfad oft nur eine Spur zu sehen war – und zwar immer während der traurigsten und dunkelsten Zeiten meines Lebens.
Ich war sehr bewegt und fragte: „Herr, als ich mich entschloß, dir nachzufolgen, versprachst du mir, meinen ganzen Weg mit mir zu gehen. Nun habe ich bemerkt, daß während der schwersten Zeiten meines Lebens nur die Abdrücke von einem Paar Füßen zu sehen sind. Ich verstehe nicht, warum du mich gerade da allein gelassen hast, wo ich dich am allernötigsten brauchte ..."

Der Herr antwortete mir: „Mein Freund, ich mag dich so sehr, daß ich dich niemals allein lassen würde in den Zeiten des Leidens und der Anfechtung. Wenn du nur eine Spur gesehen hast, so deshalb, weil ich dich diese Strecke Wegs auf meinen Armen getragen habe."

Nach einer alten Parabel

„Sie sind unterwegs"

Ein jüdischer Rabbiner war in der Synagoge, um zu beten und zu lehren. Während dieser Zeit starben seine zwei Söhne. Seine Frau legte ein Tuch über sie, und als der Rabbi am Ende des Sabbats nach Hause kam und sich nach seinen zwei Söhnen erkundigte, sprach die Mutter: „Sie sind unterwegs!"
Dann trug sie ihrem Mann die Speisen auf, und nachdem der Rabbi gegessen hatte, fragte er abermals seine Frau:
„Wo sind denn meine beiden Söhne – unterwegs wohin?"
Seine Frau antwortete ihm: „Vor langer Zeit kam ein Mann und gab mir etwas zum Aufbewahren. Jetzt kam er wieder, um es abzuholen. Ich habe es ihm zurückgegeben. War es richtig, Rabbi, so zu handeln?"

Der jüdische Lehrer sagte: „Wer etwas zum Aufbewahren erhalten hat, muß es seinem Eigentümer zurückgeben, wann immer dieser es zurückhaben möchte."
„Genau das habe ich getan", antwortete die Mutter der beiden Söhne. Dann führte sie den Rabbi hinauf ins Obergemach des Hauses, zog das weiße Bettuch weg und zeigte ihm die toten Söhne.
Da fing der Rabbi an zu weinen. Seine Frau aber faßte ihn am Arm und sprach: „Rabbi, du hast mir doch gesagt, daß wir das Aufbewahrte dem Eigentümer zurückgeben müssen, wann immer er es zurückhaben möchte."
Da sah der Rabbi ein, daß seine Frau recht hatte. Er hörte auf, über den Tod seiner Söhne zu weinen, und fügte sich in den Willen seines Gottes.

Rabbinische Geschichte

Die Flucht des Gärtners

In China lebte einmal ein Kaiser, Sohn des Himmels und mächtiger Herrscher der Welt. Eines Abends ging er über die blühenden Terrassen seiner kaiserlichen Gärten. Er erfreute sich an der Schönheit der blühenden Sträucher und am Duft der Rosen.

Da stürzte plötzlich sein erster Gärtner die Treppe herauf und fiel dem Kaiser vor die Füße. „O allmächtiger Herr", rief er, „eben, als ich dort unten die Rosenbüsche begoß, sah ich vor mir den leibhaftigen Tod. Hinter einem Baume spähte er hervor und erhob seine Hand. Sicher will er mir nach dem Leben trachten. Deshalb, großer Kaiser, leih mir dein schnellstes Roß, dein Zauberpferd Zephir, das rascher ist als der Westwind, und laß mich entfliehen nach deinem Schlosse Tschanga, das in den Bergen versteckt liegt! Dort wird mich der Tod nicht finden. Noch vor dem Aufgang des Mondes kann ich dort sein."

„Nimm das Roß", sprach der Kaiser. „Um sein Leben zu bewahren, muß man alles einsetzen."
Der Gärtner stürmte davon zu den Ställen. Und bald hörte man den silbernen Hufschlag des entfliehenden Rosses; wie ein Blitz entschwand es in der Ferne.

Sinnend ging der Kaiser weiter. Aber plötzlich sah auch er den Tod dicht vor seinem Weg mitten im Rosenbeet. Doch der Kaiser fürchtete sich nicht, sondern trat ihm rasch entgegen und fuhr ihn an: „Warum erschreckst du mir meinen Gärtner und bedrohst meine Leute hier vor meinen Augen?"

Tief verneigte sich der Tod und sagte: „Erhabener Herr, Sohn des Himmels, verzeih mir, daß

ich dich erzürnte. Aber ich habe deinen Gärtner nicht bedroht. Als ich ihn so unerwartet hier vor mir in deinen Rosen sah, konnte ich nur ein Zeichen der Verwunderung nicht unterdrükken. Denn heute früh, als der Herr des hohen Himmels, dein Gebieter und meiner, seinen Dienern seine täglichen Befehle gab, da gebot er mir, diesen deinen Gärtner heute abend beim Aufgang des Mondes in deinem Schloß Tschanga abzuholen. Darum wunderte ich mich, daß ich ihn hier antraf, so weit von jenem Schloß entfernt."
Da neigte sich der Kaiser ehrfürchtig vor dem unsichtbaren Herrn über Leben und Tod, blickte dann lange in den Kelch einer roten Rose und dachte bei sich: „Da rast nun der Mann auf dem schnellsten Pferd, das niemand einholen kann, vor dem Schicksal fliehend seinem Schicksal entgegen."

Aus China

Wie groß sind deine Werke!

Wie schön ist es, dem Herrn zu danken, deinem Namen, du Höchster, zu singen, am Morgen deine Huld zu verkünden und in den Nächten deine Treue zur zehnsaitigen Laute, zur Harfe, zum Klang der Zither. Denn du hast mich durch deine Taten froh gemacht; Herr, ich will jubeln über die Werke deiner Hände. Wie groß sind deine Werke, o Herr, wie tief deine Gedanken!

Psalm 92, 2–6

Der Herr segne dich

Der Herr segne dich; er fülle deine Füße mit Tanz, dein Haus mit Freude, deine Arme mit Kraft, deine Hände mit Zärtlichkeit, deine Augen mit Lachen, deine Ohren mit Musik, deinen Mund mit Jubel. So segne dich der Herr!

Irisches Segensgebet

Leseprobe aus:

Günter Riediger

Von liebenswerten Großeltern und pfiffigen Enkeln

Erfahrungen und Erlebnisse

„Originalton": Enkel und Großeltern

Bei Oma und Opa in Münster

Nach Weihnachten bin ich zu Oma und Opa nach Münster gefahren. Beide freuen sich, wenn ich komme; Oma unternimmt dann viel mit mir.
Diesmal mußte ich aber noch ein Referat für Erdkunde schreiben, über Kenia. Oma half mir, etwas über die Lage und das Wetter herauszufinden; Opa machte mit mir das Wirtschaftliche und las alles nochmal durch.
So hatten wir in den nächsten Tagen viel Zeit. Ich ging mit Oma in die Stadt. Toll, ich bekam eine neue Armbanduhr.
Wenn Oma kochte, schaute ich zu, und sie erklärte mir, wieviel man von jedem Gewürz oder anderen Dingen nehmen müsse.
Abends durfte ich lange aufbleiben, und mit dem Fernsehprogramm wurden wir uns auch einig.
Oma erzählte mir oft von früher, als meine Mutter und die Tanten klein waren und was sie angestellt hatten. Das hat mich natürlich sehr interessiert!
Als ich wieder nach Hause mußte, waren Oma und Opa genauso traurig wie ich.

Mareike Offele, 13 Jahre, Essen

LESEPROBE

Des Enkels Freunde

Heute mittag holt Opa seinen Enkel von der Schule ab. Sofort nach dem Unterricht stürmen die Schüler auf den Hof. Fabian sieht seinen Großvater und rennt auf ihn zu.

„Opa, was ist los? Darf ich mit zu dir?"
„Ja, wir müssen der Mutti aushelfen. Steig ein!"
Zu Hause wird die Oma stürmisch begrüßt. Schon kommt die Frage: „Was gibt's zu essen?"
Oma hat die Antwort bereit: „Spaghetti Bolognese, dein Leibgericht!"
Fabian kann es kaum abwarten, zumal es in der Küche so gut duftet …
„Erst beten!"
„Oma, warum muß man vor dem Essen beten?" fragt der Junge.
„Ganz einfach. Wir freuen uns, daß wir genug zu essen haben und daß es uns schmeckt. Darum bitten wir Gott, das Essen zu segnen, und danken ihm dafür."
Fabian sieht das auch so und betet tüchtig mit. Der Schokoladenpudding steht auf der Anrichte bereit. Darum ist der Nudelteller unseres Enkels ruck-zuck leer. „Jetzt aber schnell den Pudding!" wünscht sich der kleine Gast.
Gemeinsam genießen wir den Schokoladenpud-

ding. Eine Freude, dem kleinen Kerl dabei zuzuschauen! So ein großer Genießer!
Oma muß anschließend Fabians Gesicht vom linken bis zum rechten Ohr von Puddingspuren säubern, so gut hat es ihm geschmeckt.
Als die Mutter ihren Fabian später abholt, fragt sie: „War er lieb?"
„Keine Frage, wir haben gespielt und gut gegessen. Die Hausaufgaben macht er bei dir."

Kurt Weinberg, 68 Jahre, Bottrop

Opa ist mein Freund

„Was sagt ihr jetzt? Wir haben ein Haus gekauft. Da hat jeder von euch ein ganzes Zimmer für sich. Ist das nicht schön?"
„Genau!" stimmt die vierjährige Claudia zu.
„Müssen wir dann von hier wegziehen?" fragt Patrik vorsichtig an.
„Tja, das geht nicht anders, etwas weiter weg ist es wohl", meint die Mutter und ahnt schon, was kommt.
„Und unsere Freunde? Können wir dann mit denen noch spielen? Und da müssen wir ja auch in eine andere Schule. Meinst du, das ist gut?"

LESEPROBE

Patrik und sein Bruder sind nicht so begeistert, wie die Eltern erwartet hatten. Sie haben hier Wurzeln geschlagen und richtige Freundschaften geschlossen, sie fühlen sich wohl. Was sind dagegen schon eigene Zimmer, wenn sie so weit weg sind!
Der Abschied wird den Kindern schwer.
Sicher – *alte* Bäume soll man nicht verpflanzen, die wurzeln nicht mehr neu. Aber junge Bäume, Baumkinder, Kinder?
Auch für sie ist eine solche Verpflanzung gar nicht so einfach. Auch für sie ist der Umzug ein Weg ins Unbekannte, in ein Haus, wo alles fremd ist, wo man nichts, niemanden kennt.
Sie sind natürlich umgezogen. Das Haus ist schön, die eigenen Zimmer auch. Aber Patrik hat das alles nicht so gut verkraftet wie die Geschwister. Er läßt in der Schule nach, ist oft lustlos und unkonzentriert, hat keinen richtigen Appetit mehr, nicht mal mehr zum Naschen. Etwas verschlossen war er schon immer. Die Eltern sorgen sich und rätseln, was sie tun können.
An einem Abend kommen die Großeltern zu Besuch, die Eltern sind zwei Tage verreist. Da bleiben die Kinder etwas länger auf, machen Spiele und dürfen noch einen Tierfilm sehen.
Patrik sitzt neben dem Opa. Der streichelt ihm mal kurz übers Haar, sieht ihn an: „Na, kleiner Kumpel" – so reden sich die beiden öfter an – „noch immer traurig?"

LESEPROBE

Der Junge sieht zu dem Alten hoch, spürt, daß der in ihn hineinsehen kann und ihn versteht. Er nickt und rückt ein bißchen näher. Bei Opa muß man nichts sagen, der weiß auch so Bescheid. Das tut gut.

Einige Zeit später fragen die Eltern Patrik, ob er mal mit jemandem über alles sprechen möchte, was mit ihm los ist.
„Nee", sagt Patrik, „dafür habe ich euch und Opa, der ist mein großer Kumpel."
Aber es hat doch noch eine Weile gedauert, bis Patrik neue Wurzeln schlagen konnte.

Rolf Rüberg, 67 Jahre, Brühl

Erinnerungen – auch vergnüglich

Karl Heinz, gut zwei Jahre alt, ist mit seinen Eltern bei der Großmutter mütterlicherseits zu Besuch. Er stopft sich mit Rodonkuchen voll: Mund gefüllt, Ohren gespitzt. Großmutter spricht über notwendige Kontakte zur anderen Großmutter, Oma Körne genannt: „Ihr müßt auch mal wieder zu Oma Körne gehen!" Und zu Karl Heinz: „Oma Körne ist doch auch sehr lieb!"

Karl Heinz kaut weiter. Dann: „Ja, die Oma isse ganz hieb; Ka-einz gete booß nich gerne hin!" – Oma Körne bei uns zu Besuch. Hingebungsvoll kratzt sie mit ihrem Finger an einem Blümchen herum, ausgerechnet an der Decke, die die Schwiegertochter selbst mit viel Mühe gestickt hat. Die strafenden Blicke bleiben wirkungslos. Oma kratzt weiter.
Schließlich: „Bitte, laß doch das Kratzen sein!"
Oma Körne: „Ick dacht, et was en Tierken west."

Die siebenjährige Eva fragt alle Leute, wo sie wohnen, wie sie heißen, kurzum – sie fragt den Leuten richtig tiefe Löcher in den Bauch.
Die sind erstaunt: „Was fragst du denn soviel?"
Evas Antwort: „Mein Opa will das alles wissen!"

Aus den Erinnerungen der Familie Becker

LESEPROBE

Packende Unterhaltung

Josef Reding

Wie eine Narbe im Stein
Kurzgeschichten

120 Seiten
Pappband
ISBN 3-7666-0014-1

In seinen Kurzgeschichten erzählt Josef Reding von Erinnerungen an die NS-Zeit, Erlebnissen in der Arbeitswelt, der Not in der „Dritten Welt" wie auch von der Umweltzerstörung, die wir täglich erleben.
Die Kurzgeschichten rütteln auf und bieten zugleich eine unterhaltende und spannende Lektüre. Leserinnen und Leser der Generation Redings finden in dieser Sammlung Zeitgenossenschaft und persönliches Erleben auf den Punkt gebracht.

Über die bisher erschienenen Bände der Seniorenreihe schicken wir Ihnen gerne ausführliches Informationsmaterial zu.

Verlag Butzon & Bercker D-47623 Kevelaer

Bercker Senioren

Günter Riediger

Von liebenswerten Großeltern und pfiffigen Enkeln
Erfahrungen und Erlebnisse
Ca. 120 Seiten. Pappband. ISBN 3-7666-0049-4

Sternstunden für Großeltern und Enkel: Phantasievoll, kritisch und besinnlich werden ihre Erfahrungen, Spannungen und Konflikte und die heiteren Erlebnisse geschildert.

Weitere Bände in dieser Reihe:

Eleonore Beck (Hrsg.), **Wie das Leben so spielt.** Anstöße zur Menschlichkeit
Renate Demski, **Die kleine Dame.** Wenn die Mutter wieder Kind wird
Ulla Dicks, **Vom Armen Ritter zur Birne Hélène.** Mit Freude kochen
Willi Fährmann, **Als Oma das Papier noch bügelte.** Erlebte Geschichten
Eva Havenith/Ida Lamp, **Und samstags in die Badewanne.** Die Geschichte kleiner Leute
Ida Lamp, **So alt ihr auch werdet.** Biblische Perspektiven fürs Älterwerden
Josef Reding, **Wie eine Narbe im Stein.** Kurzgeschichten
Gretel Rieber (Hrsg.), **Der Alte, den keiner wirklich kannte** und andere Geschichten
Gretel Rieber (Hrsg.), **Theo, laß das!** Geschichten von Kindern, Rentnern und Nachbarn
Gretel Rieber (Hrsg.), **Wege zum erfüllten Leben.** Zwei Sichtweisen
Günter Riediger (Hrsg.), **Fest gemauert in der Erden ...** Vertraute Gedichte und Balladen
Günter Riediger (Hrsg.), **Von Alt und Jung** – hintergründig und vergnüglich
Hans Georg Ruhe, **Wo hab' ich bloß ...** Vergessen und Erinnern im Alter
Hannelore Schedler (Hrsg.), **Die Spieluhr.** Weihnachtserzählungen aus alter Zeit
Hannelore Schedler (Hrsg.), **Die Weihnachtsüberraschung.** Erzählungen aus alter Zeit
Hannelore Schedler (Hrsg.), **Mit Vatermörder und Gamaschen.** Kurzweiliges aus dem vergangenen Jahrhundert
Waltraut Schmitz-Bunse, **Sommertage – Wintertage.** Kalendernotizen
Gerd Siekmann, **Wer erbt was? Teil 1:** Mein letzter Wille
Gerd Siekmann, **Wer erbt was? Teil 2:** Kein Testament. Was nun?
Michael Soeder, **An Leib und Seele gesund.** Zur Lebensgestaltung im Alter
Michael Soeder, **Fit und gesund.** Tips für Senioren
Susan Winter Ward, **Yoga hält jung.** Übungen für jeden Tag
Diethard Wucher (Hrsg.), **Wem Gott will rechte Gunst erweisen ...** Unvergessene Lieder

Verlag Butzon & Bercker D-47623 Kevelaer